2

Celia en el colegio

Biblioteca temática

Elena Fortún

Celia en el colegio

Dibujos de Molina Gallent

El libro de bolsillo
Biblioteca juvenil
Alianza Editorial

Primera edición en «Libros Singulares»: 1992
Séptima reimpresión: 1997
Primera edición en «Biblioteca temática»: 2000
Sexta reimpresión: 2012

Diseño de cubierta: Alianza Editorial
Proyecto de colección: Odile Atthalin y Rafael Celda

Calle Juan Ignacio Luca de Tena, 15;
28027 Madrid; teléfono 91 393 88 88
www.alianzaeditorial.es
ISBN: 978-84-206-3574-3
Depósito legal: M. 45.613-2011
Compuesto e impreso en Fernández Ciudad, S. L.
Coto de Doñana, 10. 28320 Pinto (Madrid)
Printed in Spain

A *Celia la han llevado a un colegio interna.*

¡Celia era mala! Aquellas travesuras que tanto os han hecho reír, y que ella os ha contado en el libro Celia, lo que dice, *eran maldades.*

Ser mala es no adaptarse a las costumbres de los mayores.

Y, como habréis observado, nadie se lleva el gato de paseo, ni sube al borriquillo en el ascensor, ni suelta la ducha sobre el hermanito vestido, ni se pone a servir cuando tiene criados en su casa...

Por hacer todo esto, y otras muchas inconveniencias más, Celia ha entrado interna en un colegio de monjas que hay en un pueblo cerca de Madrid.

Nosotras, sus amigas, hemos prometido ir a verla todos los domingos, porque le hemos tomado cariño y no queremos dejarla sola con sus inquietudes.

¡Hoy es domingo! Vamos a verla en ese coche alegre que sale de la plaza Mayor y corre por la carretera amarilla entre sembrados.

¿Veis aquella casa grande con muchas ventanas? Pues

esa casona triste es el colegio, y una de aquellas ventanitas estará sobre la cama de Celia...

«Tilín, tilín», hemos llamado. «Ave María Purísima», nos contesta desde dentro una voz gangosa, y nos pregunta a quién queremos ver...

«¡A Celia, a Celia! –gritamos todas sus amigas–. Queremos ver a Celia en el colegio.»

Abre la puerta la hermana portera y entramos en la sala de paredes encaladas, donde esperan las visitas, y todo el mundo habla en silencio... Un grito...

Es Celia que aparece por la puerta del rincón vestida de colegiala, y que grita al vernos:

–¡Cuánto me alegro de que hayáis venido!...

Celia en el colegio

A vosotras os lo contaré todo... A papá no me he atrevido... ¡Está tan triste el pobrecito!

No hace más que una semana que estoy en el colegio, y creo que ha venido a verme más de veinte veces. Yo sólo lo he visto dos días, porque no lo han dejado entrar. ¡Estoy furiosa!

Habéis de saber que no tengo dormitorio para mí sola. Mi cama está en una sala grande, donde duermen muchas niñas, todas en fila. Yo creí que esto sería muy divertido, porque podríamos charlar y tirarnos las almohadas; pero ¡quia!, ¡ni me hacen caso! La madre dice: «¡Chist! ¡A callar, niña! ¡Estamos en el silencio mayor!».

Por la mañana, casi de noche, mientras dormimos todas, entra la madre Loreto, da tres palmadas y dice: «El ángel del Señor anunció a María», y todas se sientan en la cama y contestan: «Dios te salve, María...».

Esto está muy bien, y es muy bonito, pero a otra hora, no tan temprano... Por eso me hago la dormida y no contesto.

La madre me riñe mucho.

–Esto no puede seguir así. Usted está obligada a decir el Avemaría a la voz del Ángel.

–Yo no he oído decir nada al ángel; en cuanto le oiga contestaré...

–¡A callar! ¡Estamos en el silencio mayor!

–Bueno, ¿y cuándo es el silencio pequeño?

Después me he enterado que hay que estar en silencio todo el día, menos las horas de recreo, y que desde que nos acostamos hasta por la mañana, cuando oímos misa, no se puede hablar nada, nada. ¡Es horrible!

¡Y qué manía de quererlo saber todo!

Cuando estamos comiendo me dice la madre:

–Beba usted agua, que no la ha probado en toda la comida.

–No tengo sed.

–Sí tiene usted sed.

¿Cómo va a saber ella lo que me pasa a mí?

También se empeña en que coma sesos, que no me han gustado nunca.

–¡Pero si no me gustan!

–Sí le gustan... Nuestro Señor bebió hiel y vinagre en la hora bendita de su muerte.

–¡Pues sí que es una razón! ¡Si llego yo a estar allí, menuda pedrada se ganan los que le dieron semejante porquería!

Además, aquí pasan unas cosas muy extrañas, que si papá las supiera se moría del susto. Tenemos un gallinero y un palomar; pero también tenemos un cuarto para las ratas.

Primero pensé que cuando criaban ratas sería para comérselas, y cada vez que veía carne en la mesa ¡me daba un asco!

Se lo pregunté a una niña:

–Dime: ¿esta carne es de las ratas?

–¡Anda, qué niña más tonta! ¿Cómo vamos a comer ratas?

–Entonces, ¿para qué las crían en el cuarto de abajo?

–No las crían..., es que viven allí.

–Bueno; pero ¿para qué las tienen?

–Pues porque cuando una niña es muy mala la encierran en el cuarto con ellas.

–¡Mira qué graciosas! ¡Vaya! Pues cuando lo sepa mi papá me saca de aquí.

–Siendo buena no la encierran a una nunca... Sé buena tú.

Sí, pero yo no sé qué hay que hacer para ser buena. Cuando me mandaban en casa estar callada podía jugar con *Pirracas*... ¡Aquí tenemos tres gatos más antipáticos! ¡He querido atarlos juntos por el rabo, y si me descuido me sacan los ojos!

Sin embargo, no se está mal del todo en el convento. Hay muchas cosas bonitas.

Bajando, bajando siempre por unas escaleras, se llega a una cueva que es grande y oscura y está llena de cajones rotos. ¡Deben de pasar en ella cosas preciosas, como en los cuentos!

Oímos misa en el coro, que es un balcón muy grande con reja. La otra noche me mandaron allí a buscar el libro de la madre Bibiana, y vi la iglesia y la lamparilla del sagrario, y a todos los santos abriendo y cerrando los ojos... ¡Qué miedo! Me puse a temblar, pero quería verlos otra vez...

Hay una escalerita estrecha, que sube a la torre. Una niña que subió una vez me ha dicho que la torre es tan alta, que en la punta se le ha clavado una estrella reluciente.

En el jardín hay una puertecilla casi escondida que siem-

pre está cerrada, y yo supongo que debe de dar a un palacio encantado... por una rendija he visto un jardín, y un pavo real que andaba arrastrando la cola por un paseo...

La madre San José, que sabe mucho más que doña Benita, me ha dicho que mientras dormimos, un ángel está con las alas abiertas mirándonos dormir, y que a la hora de comer los ángeles están de rodillas viéndonos.

Todas estas cosas son más bonitas que las que pasan en mi casa, y no quisiera irme hasta verlo todo... ¡Ay!, pero papá está muy triste. Hoy ha venido a verme muy temprano.

–Dime la verdad, hija mía: ¿estás contenta?

–Muy contenta.

–Te dejarán dormir todo lo que quieras, ¿verdad? ¿No te levantarás temprano?

–El ángel me llama, ¿sabes?

–¿Qué ángel? ¡Qué historias!... ¿Pero tú duermes lo que quieres? ¿Y qué comes?

–¡Ay, hijo, cosas muy buenas!

–Pero a ti hay muchas cosas que no te gustan, y no te las harán comer, me figuro yo...

–Sí, claro. La madre Loreto dice: «Si no te gustan los sesos, no los comas, rica», y me hacen arroz con leche.

–¡Muy bien! Pero mejor sería que te hicieran una sopa de avena, como tomabas en casa... ¿No pasarás miedo? ¿No andarás sola por estos pasillos tan largos?

–¡Quia! Una madre me lleva siempre de la mano... (¡Qué tonterías se le ocurren a papá!)

–No juegues con los gatos, no sea que te arañen...

–¡Pero si yo no hago caso de los gatos! Ya ves, hay un cuarto lleno de ratas y ni siquiera las he visto...

–¡Ratas! ¿No será para encerrar en ese cuarto a las niñas malas?

–¡No! ¡Las tienen para comérselas!...

–¡No es posible! ¡Ay, hija, me parece que tú no me lo dices todo!...

–¡Si estoy muy bien, papaíto! ¡Si estoy muy contenta! ¡Ya verás qué buena soy cuando vuelva a casa!

–Ya lo sé... Pero por ahora no puede ser... Eres tan loca, que mamá cree que vas a matar a Baby...

Yo no puedo consentir que papá esté disgustado, y estoy pensando en el modo de salir de aquí. Es muy fácil, si yo consigo que las madres no me quieran tener...

Soy sonámbula

Un día me quejé de que me dolía la cabeza, y me hicieron acostar.

¡Cómo me aburría! Oía a las niñas jugar en el jardín, y yo en el dormitorio, medio a oscuras...

Me entretuve viendo en el techo unas sombras chiquititas que corrían de un lado para otro... Después se me olvidó que tenía que estar muy triste, y me puse a cantar:

Yo soy la viudita
del conde Laurel,
que traigo las flores
para San José.

Porque aquí todas las canciones se cantan de otro modo de como son.

Pues en seguida vino una madre y dijo que no me dolía la cabeza, pero que en castigo de haberla engañado me pasaría el día en la cama.

También pensé que si tenía tos me mandarían a casa,

y tosía siempre que me acordaba, hasta que vino el médico a verme.

Con unos cordones de goma me estuvo escuchando la espalda y el pecho, como si yo tuviera música por dentro. Creí que oía lo que estaba pensando...

–Médico, déjeme que escuche yo.

–Pero ¿qué te crees que se oye? ¿Te figuras que es la radio?

No me dejó oír, y dijo a la madre de la enfermería que era tos nerviosa.

Ahora tengo muchas amigas, pero a la que más quiero es a Pilarín. Me ha contado que antes también estaba en el colegio una hermana suya, pero que se la llevaron porque era sonámbula.

–¿Y qué es sonámbula?

–Levantarse por la noche de la cama.

–¿Nada más que eso?

–Nada más... las madres escribieron a casa y vinieron por mi hermana.

–¡Qué cosas! ¡Cómo iba yo a pensar...! ¿Y qué hacía?

–No sé. Mi hermana es más pequeña que yo, y siempre se ha levantado de noche... Ahora duerme en el cuarto de mamá...

¡Me puse más contenta! Ya sabía el modo de que escribieran a casa y de que vinieran por mí. ¡Estaba deseando que llegara la hora de acostar!

¡Qué difícil es despertarse por la noche! Yo me duermo en cuanto me acuesto, y no me despierto hasta que la madre Loreto da las palmadas.

Pero una noche me desperté. ¡Qué pereza tenía! ¡Hacía un frío!... Me escurrí callandito de la cama y salí del dormitorio. Los pasillos estaban oscuros, y se oía rugir como si hubiera un león encerrado. ¡Qué miedo!

Volví al dormitorio y, como no sabía bien lo que había que hacer, me puse a dar saltos.

Entonces apareció sor Bibiana.

–¿Qué está usted haciendo?

–Saltar, porque está el suelo muy frío...

–Pero ¿está usted loca? ¡A la cama ahora mismo! Su ángel de la guarda está llorando...

–Pues que se calle... Yo soy sonámbula.

–Lo que es usted es tonta... ¡Virgen dulcísima, qué niña! Habrá que poner esto en conocimiento de la madre superiora.

Al día siguiente me llamó la madre y me riñó mucho. Que si soy una niña rebelde, que si doy mal ejemplo... Yo dije que era sonámbula, pero no me hizo caso... No me pareció que fuera a escribir a casa...

–Dime, Pilarín, ¿qué hacía tu hermana para que todos la creyeran?

–Yo no sé, ¿sabes?, porque nunca la he visto... Andaba por todas partes cuando todas dormíamos, y una noche creo que se tiró por la ventana...

–¡Huy! ¿Y estaba muy alto?

–No mucho... Fue aquí mismo...

–¡Bah! Pues eso también lo hago yo.

Y lo hice. Fue una noche que me desperté por casualidad.

Siempre dejan una ventana entreabierta. Me subí a una silla, y de un salto, ¡pum!, al jardín.

¡Me hice un daño! Todas las piedras del paseo se me clavaron en los pies..., y además llovía. ¡Qué frío!

Nadie me había sentido, y quise volver a entrar, pero no pude. No tenía donde agarrarme, y la ventana estaba muy alta.

Entonces di la vuelta al convento y me senté en la puerta grande, debajo de la marquesina.

Allí no llovía, pero hacía mucho frío, y yo no tenía puesto más que el camisón. Me hice un ovillo y me puse a pensar en papá para entretener el frío.

¡Ya me podía agradecer lo que estaba haciendo! La verdad es que yo estoy cada día más contenta en el colegio. Tengo muchas amigas, todas me quieren, y hasta los sesos me van gustando...

Pero no podía más de frío, y volví al pie de la ventana.

Para que me oyeran tiré una piedra, y acerté tan bien, que rompí un cristal.

Salió la madre Loreto.

–¿Quién ha sido? ¿Quién anda ahí?

–Soy yo, Celia.

–¡Santo nombre de Dios! ¿Y qué hace usted en el jardín?

–Mojarme. ¿Qué voy a hacer?

–Pero, ¿por dónde ha salido?

–Por la ventana.

¡Y luego dicen que yo soy preguntona! La madre Loreto lo es mucho más que yo.

Abrieron las puertas y entré. Las niñas se despertaron, vinieron más madres, y yo, como no sabía qué decir, cerré los ojos y dije que estaba mala.

Ayer pasé el día en la cama, muy abrigada y con la madre San José sentada a mi lado.

–Cuéntamelo a mí todo, hija mía. ¿Es que te querías escapar?

–¡Quia! ¡Si estoy yo aquí muy contenta! Era para asustar a ustedes.

–Pues lo conseguiste... ¿Y qué te proponías con asustarnos?

–Soy sonámbula. Pilarín me ha dicho lo que hay que hacer para ser sonámbula, y ya lo soy... Es por mi papá, que está triste sin mí y no se atreve a sacarme del colegio, que por mí, no...

Y hoy, a la hora de la visita, ha venido papá muy contento y me ha dicho:

–Celilla, niña mía, ya sé que lo pasas aquí muy bien en el colegio, y yo me voy acostumbrando a venir a verte los domingos y ya no te echo de menos... Pero si tú quieres irte te llevo a casa ahora mismo...

–¿De veras, papaíto? Pues mira, yo no te lo quería decir porque no te pusieras triste, pero estoy más contenta que en casa y prefiero quedarme... ¡Si este colegio es como un libro de cuentos!

La estrella en la torre

Papá y mamá me han venido a ver, y me han traído bombones. También ha venido Baby con el ama, y doña Benita, moquiteando y llenándome la cara de lágrimas.

Les he contado muchas cosas y se han reído mucho. Ahora parece que se enfadan menos conmigo y que me quieren más. El domingo pasado se enfadó un poco mamá, y fue porque el papá de Pilarín me dijo:

–Te voy a regalar una muñeca. ¿Te gustaría que se llamara Pepín o Lolita?

–Ya le pondré yo nombre...

–No; quiero decir si prefieres muñeco o muñeca.

–Pueden ser gemelos, ¿sabes? Como los que le han traído a la mamá de María Rosa.

Cuando se fue el señor, mamá dijo que yo seguía tan insufrible como siempre, pero papá se reía:

–¡Mujer, te vas a enfadar con la niña para media hora que vamos a estar con ella!

Y mamá se contentó; y todos, al marcharse, me dieron muchos besos, como si no hubiera pasado nada. ¡Yo no sé nunca lo que hay que decir, y se enfadan conmigo sin razón!

Con las niñas me divierto más... Me quieren mucho, y yo a ellas. En el recreo todas quieren estar conmigo para que les cuente cosas.

Pilarín es mi mejor amiga. Tiene un año menos que yo y estamos en la misma clase. Nos ayudamos a hacernos los análisis de Gramática y los problemas de Aritmética, que son muy difíciles.

Dice la madre, a lo mejor:

–Vamos a ver si sabes esto. Si tu papá te trae una muñeca, y tu mamá otra, y otra el abuelito, y otra una amiga, ¿cuántas muñecas tendrás?

–Cinco.

–No, tendrás cuatro. Fíjate bien. ¿Es que no sabes contar?

–Sí sé... ¡Pero como no tengo abuelito, y el papá de Pilarín me va a traer dos!...

Nunca me salen bien los problemas con la madre, que es muy testaruda y se empeña en saberlo todo mejor que yo.

Estos días, Pilarín y yo no hablamos de otra cosa más que de esa estrella que por las noches se prende en la punta de la torre.

Yo nunca la he visto, porque ahora, como hace frío, no nos dejan salir al jardín de noche. Pilarín, que hace mucho tiempo que está en el colegio, la vio este verano, y dice que es preciosa.

–¿Pero no sabes que dice la madre Consolación que las estrellas son mundos?

–Sí lo sé... ¿Y qué importa?

–Es verdad. Será un mundo chiquitito, con personas como mi dedo meñique... ¡Qué bien! ¿Quieres que vayamos a verla?

Una tarde, después de merendar, salimos a la iglesia por la puerta de la sacristía, y nos descalzamos para subir a la torre sin que nos sintieran.

Subimos, y subimos, y subimos...; no acabábamos de subir nunca. Nos asomamos a la calle por un agujero, pero aún faltaban escaleras para llegar arriba, y seguimos subiendo.

Muy arriba, por una ventana grande como una puerta, salimos fuera, a un reborde de piedra que tiene la torre, y nos pusimos a pasear, una detrás de la otra, dando vueltas alrededor.

Era muy gracioso y muy divertido. Abajo, abajo, se veían tejados y calles, y la plaza y los jardines donde está el colegio.

Y por arriba pasaban los pájaros que se iban a acostar, y nos daban con las alas en la cara, dando chillidos.

–¡Pilarín, ya no bajamos más al colegio!

–Eso, ¿y qué vamos a hacer aquí?

–Pues subirnos a la estrella cuando pase...

–No podremos... Será muy pequeña...

–¡Quia! Fíjate lo pequeña que parece la cruz desde abajo, y ya ves lo grande que es. La estrella es, lo menos lo menos, como un tranvía.

–¿Y qué haremos en ella?

–Irnos de viaje... Si todas las personas son chiquititas, nosotras seremos las reinas...

Hacía tanto viento, que no nos entendíamos y hablábamos a gritos. Pilarín se acercó para decirme al oído:

–¿Llevaremos corona?

–Y manto real, y una pelota de goma en la mano, y un palo para pegar a los que nos fastidien.

Nos fijamos en la plaza, y vimos mucha gente mirando hacia arriba.

–¿Qué miran?

–Estarán esperando que salga la estrella...

Nos empinamos para ver si estaba ya en el pico de la torre, donde Pilarín la había visto otras veces, pero casi nos sacamos los ojos de tanto mirar y no vimos nada.

Entre tanto la plaza se iba llenando de gente, toda embobada y mirando al cielo. Algunos levantaban los brazos y señalaban donde estábamos nosotras.

–Son unos papanatas. Yo he visto una vez mucha gente así porque el sol se nublaba... ¿Quieres que sigamos corriendo alrededor mientras viene la estrella?

Pero apenas habíamos empezado a correr, oímos gritos que subían de la plaza.

–¿Qué les pasa ahora?... ¿Será por nosotras por lo que están ahí? ¿Quieres que gritemos nosotras también?

Y chillamos mucho, mucho, con todas nuestras fuerzas. Después les sacamos la lengua y les hicimos morisquetas. Ya había más gente en la plaza que cuando hubo títeres.

Pilarín, que iba delante de mí, desapareció de pronto, y me puse a gritar:

–¡Pilarín! ¿Te has metido en la torre? No seas tonta, que ya está oscureciendo y va a llegar...

¡Huy! Me agarraron unas manos por detrás y me metieron en volandas por una ventana... ¿Sabéis quién? Pues don Restituto, el capellán.

–¿Qué hacéis ahí, locas? Habéis soliviantado a todo el mundo, y no os habéis matado de milagro. La madre superiora está casi accidentada desde que han venido los vecinos con la noticia de que andabais por la palomilla de la torre...

Pilarín lloraba. Yo, no, porque quería explicar lo que hacíamos.

–Es que íbamos esta noche a una estrella para ser reinas... A una estrella chiquita que se posa en la punta de la cruz...

–¿Qué estás diciendo? Lo que tenéis que hacer es bajar ahora mismo a tranquilizar a la madre y a dar gracias a Dios por haberos amparado en este peligro.

Y bajamos y rezamos, y después he sabido que lo que reluce en la torre de noche no es una estrella, sino bombillas de luz...

Bueno, pero no importa. Estando tan arriba hubiéramos podido ir ya a cualquier parte.

Los monaguillos

¡Desde ahora lo voy a pasar más bien!...

Después de comer hay una hora de recreo, y si hace sol, salimos al jardín. Pero siempre jugamos al corro y a la comba... No se puede jugar a justicias y ladrones, ni al escondite, ni hablar de princesas vestidas de oro, porque todo es pecado y falta de modestia...

Vosotras diréis: «¿Y cómo dices que te vas a divertir tanto?». ¡Ah! Es que ahora tengo unos amigos nuevos que no se parecen a ninguno de los que he conocido antes, y voy a pasar con ellos la hora del recreo.

Guardadme el secreto, y os contaré cómo he podido conocerlos dentro del colegio.

El otro día estaba aburrida en el jardín con las niñas buenas. Entré en la clase y no había nadie, y en los pasillos no se oía nada. Las madres estaban en el coro rezando, y no acabarían hasta las dos... ¡Y era la una!

De puntillas corrí todo el colegio. Subí a las celdas, bajé a la cocina, pasé por el cuarto de plancha, y por unas habitaciones oscuras hasta un pasillo largo que va a la sacristía. En un recodo del pasillo vi abierta la trampa de la bodega, que siempre estaba cerrada.

Al final de la escalera oscura había cajas y baúles. Bajé callandito, y me encontré en una habitación muy grande que olía a humedad. Por un ventanillo que estaba junto al techo entraba un poco de luz, pero casi no se veía nada.

Me estuve quieta cerca de la escalera, porque tenía un poco de miedo, y dije: «¡Uuuuh!», para asustar a los duendes, pero nadie me contestó. Después de un rato empecé a ver claro.

Junto a mí había un cajón que tenía la tapa levantada, lleno de libras de chocolate. ¡Con lo que a mí me gusta!...

No vayáis a creer que cogí ni una onza, ¿eh? Yo no soy ladrona.

En un rincón había unas muñecas rotas y un caballo de cartón. Estaba un poco viejo, pero era precioso, con las crines de verdad y la montura con correas...

¡Nunca me ha querido comprar papá un caballo de cartón!

Me monté en él y se movía como una mecedora. Era lo mismo que ir en un caballo de veras. «¡Arre, arre!»

Entonces sentí que alguien bajaba por las escaleras, y me escondí detrás de un cajón muy grande.

–¡Qué oscuro está esto! –decían.

–¿No has traído cerillas?

–No, pero ya la encontraremos a tientas.

¡Dios mío, venían a buscarme a mí!

–¿Pero sabes tú dónde está? –preguntó uno.

–Detrás de algún cajón... Anda, que buena se estará poniendo de chocolate, con lo golosa que es...

–A mí me ha quitado la merienda ayer tarde...

¡Pero qué embustero! Y el otro dijo:

–Si fuera mía, le daba una paliza que no le quedaba gana de volver a golosearlo todo. Ya me he quejado al capellán...

–Como si no. A él le quitó un cacho de merluza y se subió a comérselo a la torre... Bajó como un rayo... Buenos linternazos debieron de darle arriba...

¡Vaya una manera de contar las cosas! Y estaba viendo que me iban a encontrar, porque no hacían más que revolverlo todo.

–¿Pero la encuentras o no? –preguntó el que estaba más lejos.

–Es que me da reparo... ¡*Mia* que si se me tira a los ojos!...

–Pues haberlo dicho, y hubiéramos subido por una vela...

–¡Están aquí! –gritaron, y en seguida oí unos lamentos muy tristes.

–Son cuatro, y no está la madre...

–Arrea con ellos, que hay que tirarlos al río antes de que se haga de noche.

¡No me buscaban a mí!

–Oye, ¿y nos vamos así, panoli?

–¡Otra!... Pues coge lo que quieras, que yo ya me he llenado los bolsillos... Lo que hay en España es de los españoles... ¿*Quies* que le demos un pinchazo a éste en la barriga?

Yo temblaba de miedo. ¿Pero qué estaban haciendo aquellos salvajes? No pude sufrir más, y salí.

–¿Qué hacéis?

¡Qué susto se llevaron y cómo corrían por la escalera!

–¡Chist! ¡Tontos!

–¡Anda! ¡Si es una chica! –dijo uno que tenía los pelos muy alborotados.

–¿Y vosotros, quiénes sois? ¿A quién habéis pinchado? ¿Qué buscáis? ¿Quiénes son esos que vais a tirar al río?

–¡Olé! ¡La niña es muda!

Uno de ellos llevaba entre unos trapos algo que chillaba mucho.

–¿Qué lleváis ahí?

–Los gatos de la *Rabona,* que me ha mandado la madre que los tire al río.

–¡Qué atrocidad! ¿Y tú los vas a tirar? Pues se ahogarán.

–*Pa* eso los tiro, *pa* que se ahoguen.

–¡Y yo que creía que la madre era tan buena!

–*Toos* somos buenos en visita...

–Si no los tiráis no diré que habéis robado chocolate.

–¡Oye, tú! ¡Que nosotros no hemos robado *na!*

–¡Pero si os he oído!... Y lleváis los bolsillos llenos... Y le querías pinchar en la barriga a un gatito.

–¡Pues sí que estás *enterá!* Este ha dicho de pinchar en el pellejo del vino..., pero no *le* hemos *pinchao*...

–¡Ah! Bueno. Pues si no tiráis los gatos no digo nada. Los podéis llevar a otra parte, y ya irá la gata a verlos...

–Bueno, pues *na*..., trato hecho.

–¡Esta lo dice! –le sopló en el oído el de los pelos.

–¡Palabra de honor que no digo que os he visto!

–No, no lo dice –dijo el otro–. *A más* que ella tampoco tiene por qué estar aquí, que es la hora del recreo y no estaría haciendo nada bueno.

–¡Ni nada malo, tonto! Estaba jugando porque me aburro con las niñas... ¡No nos dejan jugar a nada divertido!

–¡Eso sí que es verdad! ¡Como que el otro día subieron

dos chicas a la torre, de puro aburridas, porque dicen que se iban a subir a una estrella!

–Fuimos Pilarín y yo...

–¡Pues eres una barbiana!... ¡Anda, que si la conociera a ésta la Pelegrina!...

–¿Quién es la Pelegrina?

–Mi hermana, que viene todos los días a jugar con nosotros al marro y al pídola a la plaza de la iglesia...

–¡Yo quiero jugar también a eso que dices!

–No *ties* más que salir por la puerta a la sacristía. Hasta que entramos en la escuela vienen a jugar más de cuarenta chicos... y chicas... La Teodora, la Petra, la Bonifacia...

–¿Y vosotros, cómo os llamáis?

–Pues yo, Lamparón, y éste, Pronobis.

–¡Huy! ¿Por qué os llamáis eso?

–Porque somos monaguillos.

–¡Ah!

Estos son mis amigos desde aquella tarde. Aún no conozco a ninguno más. No es fácil salir por la puerta de la sacristía...

Mis nuevos amigos

La madre Bibiana, que juega con nosotras en el recreo, se distrajo una tarde enseñando a saltar a María Luz, y yo me escurrí callandito por los pasillos.

Salí a la iglesia, y después a la plazoleta que hay delante. Lamparón y Pronobis me vieron en seguida.

–¡Es la Celia! –dijeron–. ¿Qué nos traes?

–Una caja de bombones... Pero es para todos, también para tu hermana...

–¡Ya se contentará con la caja vacía para meter sus trapos! –dijo Lamparón.

Se comieron los bombones en un momento, y les pareció que les había llevado pocos.

Vinieron las chicas, que estaban muy sucias y con los vestidos desgarrados, y todas querían la caja. Tanto tiraron de ella, que la rompieron en mil pedazos. Yo prometí traer otra para cada niña.

Dejaron de regañar, y se pusieron a mirarme y a tirarme del vestido, y del lazo, y del pelo... ¡Qué sobonas!

–¿No jugamos?

–Tú querrás *juebar* por lo fino –dijo la Pelegrina.

–No, tonta. Yo quiero jugar a lo que jugáis vosotras.

–Pues nosotras *juebamos* a las tiendas, al escondite y al titirisí.

–Bueno, pues a eso quiero jugar yo.

¡Qué juego más bonito! Machacamos ladrillos para hacer una cosa que se llama pimentón, y con yeso hicimos azúcar. Después lo pesamos en un pesito hecho con dos cáscaras de pepino y unas cuerdas.

–Buenos días, señora. ¿Me vende usted medio kilo de azúcar?

–Ya lo creo. Mire usted, es azúcar de la mejor; la fabricamos nosotros mismos.

–¿A qué precio es?

–A dieciocho reales la libra.

–¡Qué atrocidad! Eso es un robo...

–La ladrona lo será usted, señora, que nosotras tenemos muchísima vergüenza...

–¡Pues no se les conoce! Vaya, póngame media libra bien pesada.

Todas querían vender y ninguna comprar. A mí también me hubiera gustado pesar en el pesito, y envolver en papeles el pimentón y el azúcar, pero no me dejaron.

Yo siempre compraba, y me enfadaba con las que vendían, porque el juego es así, y no se puede comprar sin reñir y decirle ladrona a la vendedora.

Los chicos jugaban a saltar por encima de uno que estaba agachado y me fui con ellos. En seguida aprendí.

«A la una, sin tropezar cosa ninguna.
A las siete, pongo mi real capiruchete.
A las ocho, lo recojo.
A la mona que está debajo, la pica el escarabajo.»

Y así unas historias muy largas y muy bonitas. La Pelegrina me llamó para jugar al titirisí, que se juega con una pelota de trapo y unos agujeros en el suelo. También vinieron los chicos a jugar.

Al que perdía se le echaba una china, y luego había que perseguirlo a pelotazos. Yo perdí muchas veces, y me dieron tantos golpes, que se me cayó el lazo de la cabeza y el peinecillo, y se me desabrochó el cuello... Hasta que Pronobis dijo:

–¿La vais a dejar? ¿No veis que está asustada?

–¡Huy, con la señorita del pan *pringao!* –dijo la Pelegrina.

–Pues no te traeré una caja que tengo yo con un gatito en la tapa...

Con esto se volvió a hacer mi amiga, y cuando la Bonifacia dijo que le daban asco mis manos porque eran tan suaves como las de Tomasito el jorobado, la Pelegrina se tiró a ella y le arrancó un puñado de pelos.

Oí la campana llamando a clase, y escapé a correr. Entré al mismo tiempo que las niñas del recreo.

La madre Loreto se vino a mí, mirándome muy fija.

–¿Cómo se ha puesto usted de ese modo? ¿Qué es eso encarnado que tiene en el delantal? ¿Pero qué ha estado usted haciendo?

–Pues nada..., no he hecho nada... Jugar a las comiditas.

¡Cómo le iba a decir que lo encarnado era pimentón y lo blanco azúcar!

–Es lo mismo que si se hubiese usted revolcado por el suelo... ¿Y el lazo de la cabeza? ¡Dulce Jesús mío, qué manos tan sucias!

Me lavaron, me peinaron y me zarandearon de lo lindo.

Y al día siguiente la madre no me dejó separarme de ella en el recreo, y no pude salir. ¡Todos los chicos me estaban esperando en la puerta de la iglesia!

Tampoco salí al otro día, ni al otro, hasta que los chicos, cansados de esperarme, vinieron a sentarse encima de las tapias del huerto.

–¡Celia! –gritaban–. ¡Celia!

¡Ay, Dios mío, que no se enterase la madre! Pero se enteró, y se quedó asombrada.

–¿Quienes son esos chicos tan desharrapados, y por qué la llaman a usted?

–¡Celia! ¡Celia! –gritaban todos a un tiempo.

Yo me hacía la distraída, pero era peor.

La madre se acercó a ellos y les dijo no sé qué. Todos se miraban y se reían... Después volvieron a gritar.

–¡Celia! ¡Celia!

La madre, que seguía con cara de boba, me preguntó:

–¿Pero cómo saben esos chicos cómo se llama usted?

–Porque son mis amigos.

–¡Sus amigos!...

–¡Claro! Yo tengo amigos y amigas que no están en el colegio... Se lo puede preguntar a mi papá...

–¡No es posible!...

Desde entonces vienen todos los días y me llaman mientras estamos en el recreo. La madre ya no sabe qué hacer para que se vayan.

Hoy hemos salido de paseo a un pinar que hay en las afueras. Íbamos de dos en dos, y detrás la madre Bibiana y la madre Consuelo.

Poco a poco se han ido reuniendo todos los chicos y chicas que conozco, y otros que no he visto nunca, y han ido detrás de nosotras hasta el pinar.

–¡Celia! ¡Celia! –gritaban.

Iban la Pelegrina, y la Bonifacia, y la Patro, y otras que no sé como se llaman; y el Melitón, y el Ángel, y el Sebastián..., todos sucios y llenos de rotos, y hasta descalzos.

–¡Esto no se puede sufrir! –decía la madre Consuelo–. ¿Pero es que estos chicos van a ir con nosotras toda la tarde?

Y la madre Bibiana le ha dicho suspirando:

–¡Ya lo creo que irán! No los conoce su caridad... Creo que son de unos tejares que hay a la salida del pueblo... ¡Me tienen loca desde hace unos días!

–Pero ¿por qué vienen detrás de nosotras?

–Porque son amigos de Celia...

El carro del huevero

En esta semana no hemos salido al jardín porque ha llovido todos los días. La hora del recreo la pasamos en el salón del piso bajo, que tiene ventanas muy grandes.

Por eso no he visto a mis amigos, que se habrán cansado de llamarme desde las tapias del huerto. La madre Bibiana me mira y se sonríe un poquito. Me parece que se burla de mí.

A Pronobis y Lamparón los veo todos los días en misa. Ellos me miran y se ríen. Yo les saco la lengua, me pongo bizca y doy saltitos en el banco.

Porque cuando me están mirando siempre me entran deseos de hacer cosas raras.

La madre se ha enterado y me hace estar quieta:

–¿Es que también los monaguillos son amigos suyos?

–También..., y quiero regalarles bombones de los que han traído el domingo.

–Le pediremos permiso a la madre superiora.

Y como la madre superiora dijo que sí, se los hemos dado desde el coro bajo.

–Este puñadito para ti, Lamparón, y éste para Pronobis, y la cajita para la Pelegrina...

–¡Jesús mío! ¡Qué ordinarieces está usted diciendo! Estos niños se llaman Juan y Miguelito.

–Sí, pero como son monaguillos...

Pronobis fruncía las narices y se ponía feísimo para no reírse... Cuando nos fuimos volví la cabeza y me estaba haciendo burla... Yo también hice todos los gestos que pude mientras la madre tiraba de mí...

Ayer jugábamos en el salón grande, después de merendar, cuando vi cruzar el jardín al hombre que trae los huevos todas las semanas. Lamparón y Pronobis se habían quedado cuidando del carro.

Yo salí al jardín sin que me vieran, porque ya anochecía. Estaba el suelo tan blando, que se me hundieron los pies, y me dio un gusto como cuando pisaba en el tapiz del salón de mi casa.

Llegué hasta la puerta grande. ¡Hacía un frío!

–¡Chist! ¡Lamparón!

Me vieron en seguida, pero ¿creéis vosotros que me contestaron? Pues no. Se pusieron los dos a dar saltos terribles y a pelearse como si se hubieran vuelto locos...

Y yo ¿qué iba a hacer? Pues dar saltos también, y subirme a la verja de la puerta y tirarme de un salto desde arriba... ¡Qué tontos! ¡A ver si se iban a creer que yo no sabía saltar!

–Oye –dijo Pronobis–, nosotros nos vamos a ir en el carro...

–¿Adónde?

–Por ahí...

–¿Os lo ha dicho el huevero?

–No... Pero cuando eche a andar nos subimos sin que nos vea...

–Y yo también...

–Sí, como que vas a poder... ¡Las chicas no pueden!

–¿Que no pueden? Ya veréis...

Salió el huevero y me escondí. Se montó en el carro, cogió las riendas, dio un latigazo al caballo, y Pronobis, Lamparón y yo, de tres saltos, nos subimos a la trasera.

Al principio no nos sintió, porque íbamos callados. Veíamos la carretera blanquecina que se iba alargando como si saliera de debajo de las ruedas... Y el aire me volvía los pelos sobre la cara...

Pronobis y Lamparón se echaron a reír de pronto, y el hombre se volvió furioso:

–¡Fuera de ahí, bribones! ¡Ya decía yo!...

Y al mismo tiempo quería pegarnos con el látigo, pero se le enredó la cuerda y no pudo...

Los dos chicos se tiraron al suelo de un salto y escaparon a correr por la carretera hacia el colegio.

–Y tú, mocosa, ¿qué haces ahí?

–Pare usted el caballo, que no me puedo bajar..., me da miedo...

–¡Ah, sí! Pues para rato tienes..., así escarmentarás...

Y empezamos a correr más de prisa... ¡Dios mío, qué apuro! Cada vez había un pedazo más grande de carretera desde el carro al colegio, y al fin, en una revuelta, lo perdimos de vista... Yo lloraba.

–¡Pare usted, señor carretero, pare usted, que tengo que volver al colegio!...

Pero creo que no me oía... Ya era de noche... Pasaba tanto tiempo, que yo pensé que iba a amanecer...

No me atrevía a tirarme del carro, porque era seguro que me iba a matar... Al fin tuve una idea.

Cogí uno de los cajones llenos de huevos y lo fui empujando hasta el borde; después lo tiré...

Al golpe se paró el carro, y yo, de un brinco, salté al suelo... ¡Cómo corrí!

Oía gritar al hombre, furioso, y yo corría, corría como loca, llorando de miedo. ¡Nunca llegaba al colegio! ¡Dios mío, si se le ocurriese salir a un perro al camino!...

No salió, y yo seguía corriendo y descansando algunos ratos, porque me ahogaba, cuando sentí que el carro venía detrás de mí. En los bordes de la carretera había unos bultos negros que me daban mucho miedo, pero me fui a ellos, y resultó que eran zarzas. Allí me escondí hasta que pasó el carro.

Después, a correr otra vez..., a correr..., a correr...

Y llegué a la casita del jardinero, que tenía abierta la puertecita pequeña del huerto...

Entré por allí, y trepando por la cañería del agua me metí en el colegio por la ventana del cuarto de baño... ¡Gracias a Dios! ¡Vaya un susto que había pasado!

Aún me estuve un rato a oscuras para tranquilizarme, y después me quité el barro y me lavé la cara y me peiné...

Cuando salí a la galería vi que las niñas no habían cenado aún. Yo creí, mientras andaba por la carretera, que pasaban muchas horas, y resultó que casi acababa de irme...

Me contaron que estaba el huevero dando muchas voces, y diciendo que una niña del colegio le había roto una caja con no sé cuántos cientos de huevos.

Las madres se reían, diciendo que estaba loco. Yo le he dicho lo que me ha pasado a Josefina, que es ahora amiga mía... Pero me parece que he hecho mal.

¡Dios mío, si me acusa!...

El sapito de Celia

Desde la tarde que me escapé por la carretera en el carro del huevero, la madre Loreto no me deja un momento sola; siempre está mirándome, como si me fuera a tragar.

Tanto mirarme me pone nerviosa... ¡Pues, hija! ¡No sé qué tengo yo en la cara para que me miren tanto! Me figuré que Josefina me habría acusado de lo del carro y, ¡claro!, eso era...

Una mañana me llamó la madre superiora, y me dijo:

–Celia, va usted a decir la verdad, porque Dios la está mirando... ¿Ha ido usted en la trasera del carro del huevero con los monaguillos?

Me puse a temblar de miedo, pensando que Dios me miraba muy enfadado...

–Sí, madre, sí fui; pero me quería bajar y no podía, porque el carro no se paraba...

–¿Es decir, que es verdad?... ¿Usted sabe en el pecado de desobediencia en que ha incurrido al salir del colegio sin permiso de nadie?

–¿Es pecado?

–¡Ya lo creo, y grandísimo! Conviene que sus padres no lo sepan, porque tendrían un terrible disgusto y me culparían de descuido...

–¡Quia!... Papá se reiría mucho...

–¡Calle usted, Celia! ¿Pero es que no está arrepentida de su pecado?

–¡De otro pecado! ¿Cuál? ¡Ah! ¿El de haber roto el cajón de huevos? Sí que lo siento... Pero el huevero tuvo la culpa por no querer parar el carro..., y también Lamparón y Pronobis por no ayudarme a bajar...

–¡Dulce corazón de María! ¿Qué está usted diciendo? Llévese a esta niña y que la vigilen mucho, porque me parece que nos va a dar que sentir...

La madre Loreto, sin decirme nada, me llevó de la mano al jardín, donde estaban jugando las niñas porque hacía sol.

Antes de llegar, oímos un jaleo muy grande, y era que Remedios y María Luz habían encontrado un bicho debajo de una piedra. ¡Qué gritos daban!

–¡Madre, madre, venga en seguida, que aquí hay una ranita!... ¡Huy qué preciosa! ¡Huy qué rica! ¡Pero si parece un enanito!

Todos corrimos, y la ranita, puesta en cuclillas, nos miraba con unos ojos muy abultados...

Pero vino Pepón, el jardinero, y dijo:

–¿Qué están ustedes mirando? Esto no es una rana, es un sapo asqueroso...

En cuanto lo oyeron, las niñas gritaron:

–¡Ay, qué asco! ¡Que lo maten, que lo maten! ¡Yo no lo quiero ver!

¡Es que son tontas! El pobre bicho era igual de precioso y de rico llamándose sapo que cuando se creían que era una rana...

Lo hubieran matado, porque Pepón es muy bruto, si no llega a salir al jardín la madre Isolina, que es inglesa y sabe muchas cosas.

–¡No lo mate! –gritó–. Un sapo es necesario en un jardín. Él se comerá los pulgones de las plantas...

La madre lo llevó de una pata al rincón de los rosales, y yo le puse una cazolita de agua para que se bañe cuando tenga calor. Todos los días le renuevo el agua. Las niñas lo llaman el sapito de Celia.

Josefina, que estaba allí chillando como todas, vino a jugar conmigo, como siempre. Pero yo estaba muy enfadada.

–Ya no me junto contigo... Acusona de Barrabás, en el infierno te verás...

–¿Por qué soy acusona?

–Le has contado a la madre lo del carro... ¿Por qué lo has dicho?

–Porque he querido...

–Pues vete... Si no, te arañaré...

Por la noche no me dieron postre, ni tampoco a mediodía, y en la merienda no comí mermelada, que es lo que más me gusta... Todas las niñas se reían de mí... ¡Acusona! ¡En el infierno te verás!

–¡Anda, rabia, rabiña!... –me dijo Josefina, que es muy mala, y se restregaba los puños uno con otro...

¡Pues ya vería ella!

A la tarde cogí el sapito por una pata y lo escondí en el bolsillo del delantal... después dije que me dolía la cabeza y me subí a echarme al dormitorio. La madre Loreto subió conmigo, porque no me dejaba sola nunca...

Me eché y me hice la dormida, pero no se iba... Al fin, la llamaron, no sé para qué, y me levanté de prisa.

Quité el embozo de la cama de Josefina y, con mucho cuidado, puse el sapito entre el colchón y la sábana, de modo que no se viera y no pudiera escaparse. Después volví a colocarlo todo como estaba y me acosté otra vez. Cuando vino la madre le dije que ya no me dolía la cabeza, y volvimos al jardín.

Por la noche, después de acostadas, empezó a gritar Josefina:

–¡Madre, madre! ¡En mi cama hay un bicho!

La madre no le hacía caso; pero chilló tanto, que fue a ver qué era. Y ¡claro!, no vio nada, porque el sapito estaba entre la sábana y el colchón.

–¡Es usted una tonta! ¡A callar y a dormir! ¡Estamos en el silencio mayor!

Al poco rato empezó a chillar otra vez:

–¡Madre, madre! ¡Que sí, que hay una cosa que se mueve...! ¡Que me da miedo!

–Ya le he dicho que no hay nada... Si sigue usted gritando irá al cuarto de las ratas a contárselo.

–¡Ay, madre, que hay un bicho! ¡Ay, que yo no quiero estar aquí!...

–¡Vamos, niña! ¡A ver qué va a ser esto! ¡Cállese ahora mismo! Está usted nerviosa y se pone insoportable...

Josefina lloraba, y algunas veces saltaba de la cama gritando... Al fin, se tiró al suelo dando chillidos...

La madre, aunque estaba furiosa, la hizo sentarse en una silla, mientras ella deshacía la cama, gruñendo contra las niñas locas que no dejan descansar a nadie. Yo temblaba. ¿Qué va a pasar ahora?

Cuando quitó la sábana de encima del colchón saltó el sapito, que debía de estar aburrido sin poder moverse a su gusto.

Todas chillaron, y la madre dio un grito.

–¿Qué ha sido? ¿Qué ha sido?

Nadie se dio cuenta de lo que era, y decían no sé qué del demonio, cuando una niña encontró el sapito en un rincón...

–Madre, es el sapito de Celia...

Todas me miraron. Yo había estado callada y sin moverme de la cama.

La madre también me miró y me dijo:

–Mañana veremos lo que ha pasado aquí... Y es posible que para alguna niña empiece una vida nueva...

Mañana es hoy, y no me han dicho nada todavía... ¡Pero tengo un miedo!

La madre Florinda

Ya sabía yo que lo del sapito había parecido muy mal a las madres, y que al fin me iban a castigar... Y así fue.

El domingo pasado, después de la hora de visitas, la madre superiora me dijo:

–He sabido, Celia, que no sólo no se ha arrepentido usted del gravísimo pecado de desobediencia en que incurrió días pasados, sino que anoche ha tenido el atrevimiento de llevar el desasosiego al dormitorio...

–¡Huy! ¡No lo crea, madre, no lo crea!... Lo que yo llevé de una pata fue el sapito para asustar a Josefina, que es una acusona...

–¡Ya sé lo que hizo usted!... Y ello me obliga a separarla de sus compañeras por unos días para que medite en la falta de caridad que supone lo que ha hecho.

No entendí nada, porque se explicaba muy mal, y dije:

–¡Bueno!

La madre Loreto me llevó de la mano al piso alto, diciéndome que por ser mala me castigaba a vivir con la madre Florinda, y que iban a subir mi ropa y mi cama, porque las manzanas podridas estropean a las que están sanas...

Esto de las manzanas no lo entendí, ni creo que vosotras lo entendáis. Yo os aseguro que desde que estoy en el colegio no he visto ni una manzana, y esto tiene que ser alguna mentira que les han contado...

Subimos al piso y llegamos a una celda que hay junto al coro, donde vive una madre viejecita que nunca había yo visto.

Me dejaron con ella y pusieron mi cama en un cuarto junto al suyo, que tiene una ventana a la plaza de la iglesia.

–Ya verás, hija mía –me dijo–, lo felices que vamos a ser aquí.

–¿Jugaremos, madre Florinda?

–Te contaré vidas de santos y milagros de la Virgen. Por la noche cantaremos los gozos de San José... ¿Eh, qué tal?

–Está bien... ¿Y podré bajar al recreo?

–No, nada de bajar... Nosotras estaremos siempre en alto, como las palomitas del Señor...

–Las palomas bajan a comer...

–Nosotras, no. El Señor es tan misericordioso, que aquí nos traerán la comida.

Desde aquel día estoy siempre con la madre Florinda, menos los ratos que reza en el coro con las demás madres.

Y en esos ratos me entretengo viendo lo que tiene en la cómoda. He encontrado un cajón lleno de cabos de vela y de bolas de cera.

–¿Para qué es esto, madre?

–Para nada... Es cera bendita... Cuando hay tempestad se enciende un cabito y no truena más...

–¡Qué bien! Pues debíamos darlos a todo el mundo y quedarnos sólo con uno... Y este cajón lleno de pedazos de casullas y de trapos viejos, ¿para qué sirve?

–Para hacer escapularios y evangelios. Son trapos benditos, y preservan de los malos pensamientos y de las malas acciones.

–¡Vaya! Pues también debíamos repartirlos para que todo el mundo fuera bueno. Nosotras con unos poquitos teníamos bastante.

–Ya los repartirán cuando yo muera.

Porque la madre Florinda tiene mucho deseo de morirse para ir al cielo a tocar el arpa con los angelitos. ¡Una tontería! También la podía tocar aquí.

En otro cajón he encontrado un saquito de tierra y unos huesos, que me han dado mucho asco. A mí me parece que guarda muchas porquerías; pero como resulta que todo es bendito, pues no se puede tirar, y es mejor dárselo a alguien para que le pasen cosas buenas.

La otra tarde estaba un poco mala cuando se marchó al coro, y me dijo que seguramente se moriría al volver.

Estuve esperando, esperando, aburridita, porque había prometido contarme la historia de Santa Inés, y no llegaba nunca.

Yo oía rezar a las madres en el coro, después las oí marchar y sentí mucho ruido abajo... Pero la madre Florinda no volvía.

De puntillas llegué al coro y abrí la puerta... No había nadie. La iglesia olía a incienso y estaba muy obscura.

¿Qué habría ocurrido? Esperé aún más tiempo y, como no venía, dije: «La madre Florinda se ha muerto».

Me alegré. ¡Vaya, ya estará tan contenta cantando con los angelitos!...

Y me acordé de los cabos de vela y de los trapos milagrosos. ¿Qué harán con ellos? Lo mejor será repartirlos entre los niños pobres para que sean felices.

Precisamente yo oía jugar en la plaza de la iglesia a los amigos de Lamparón y Pronobis, y los llamé:

–¡Chist! ¡Chist! ¡Chicos, que os voy a regalar muchas cosas benditas!

A puñados les fui echando los cabos de vela, las bolas de cera, los trapitos, los cachos de casullas, el saquito de tierra y todas las cosas que tenía la madre en su armario.

–¡Más, más! –gritaban, porque a esos chicos todo les parece poco.

Ya casi no quedaba nada; pero aún les eché el libro de oraciones, unos zapatos y dos camisas...

En esto estaba cuando sentí a la madre Florinda detrás de mí... ¡Dios mío, qué susto! ¡Y que estaba viva!

Venía riéndose.

–¡Je!, ¡je!, ¡je! Ha venido a verme la hermana que tengo en el siglo... ¡Qué vieja está! ¿Y tú, qué has hecho tanto tiempo sola?

¡Y ahora cómo le decía yo...!

–Madre Florinda, mientras las madres rezaban en el coro ha venido Santa Inés...

–¿Es posible? ¡Bendito sea Dios! ¿Y qué te ha dicho?

–Pues se ha llevado todos los cabos de vela y los trapos, y hasta los zapatos y las camisas.

–¡Alabado sea Dios! ¿Y para qué se los ha llevado?

–Porque dice que hay muchos pobrecitos que no tienen nada, y que se los iba a regalar para que fueran felices...

–¡Es verdad! ¡No estaba bien guardar tantas cosas! ¡Qué lección me has dado, Jesús mío!...¿Pero también se ha llevado mi libro de misa?

–También, porque dice que ya sabemos bastantes oraciones.

–¡Todo sea por Dios! Pero las camisas me parece que sí me hacían falta...

Mientras, los chicos de la plaza seguían gritando:

–¡Celia! ¡Celia! ¡Tira más!...

–¿Qué les pasa a esos chicos! –dijo la madre.

–Que habrán visto a Santa Inés...

Al anochecido subió la madre Loreto con los zapatos y las camisas llenas de barro, y el libro todo roto.

–¿Sabe su caridad lo que ha estado haciendo Celia esta tarde durante la hora de coro?

¡Qué disgusto, Dios mío! Los trapitos y los cabos no han aparecido, y todo lo que nos han devuelto está roto y lleno de barro.

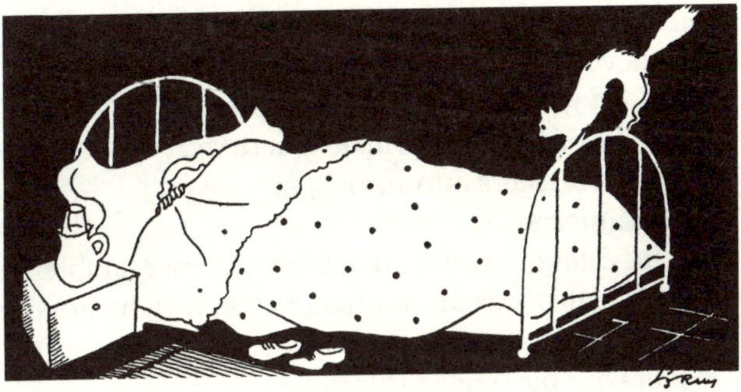

Los fantasmas

La madre Florinda me ha perdonado que tirara sus cabos de vela a los chicos de la calle... Aunque las otras madres dicen que fui yo sola, ella sigue creyendo que me ayudó Santa Inés. ¡Es más buena!

¡Si no fuera porque me dan miedo las historias que cuenta, yo la querría mucho!

Todos los santos del cielo se le han aparecido, y siempre los está esperando.

–¿Has oído? –me dice–. En el patio está el caballo de Santiago; le he sentido llegar en una nube.

Yo me asomo a la ventana y nunca veo nada.

De los que se mueren también tiene noticias, y vienen a pedirle oraciones desde el otro mundo.

¡Eso sí que me da miedo!

Cuando no hay nadie con ella, habla y habla como si hubiera alguien.

–Madre Florinda, ¿con quién habla?

–Con nadie... ¡Ah, sí! Con el padre Regino, que se murió el año pasado.

–¡Huy! ¡Qué miedo!

–¡No seas tonta, niña! ¿No ves que era un santo?

Tampoco sé nunca si habla de los muertos o de los vivos.

–Hoy estoy esperando a mi hermano.

–¡Sí! ¡Ay, qué miedo! Yo no lo quiero ver...

–¡Pero si te traerá caramelos!

–¿Del infierno?

–¿Qué estás diciendo? Lo que me va a traer también es un gatito blanco que me ha ofrecido... Antes tenemos que rezar tres padrenuestros por la madre Trinidad.

–¿Para que me traiga caramelos?

–¡Qué disparate! ¡Si se ha muerto hace veinte años!

Y, claro, con esta manera de hablar yo lo confundo todo y paso unos ratos...

Un día me dijo:

–¿Pides tú a Nuestro Señor por Nicolás?

–Yo, no. ¿Quién es Nicolás?

–Pues un sacristán que hubo en el convento hace diez años... Se murió de la gripe...

–Yo voy a cumplir nueve años.

–¡Calla, pues es verdad! ¡Qué distraída soy! Como eres tan lista, me pareces mayor... ¡Charlas tanto y tan bien!... Debes de tener un viejo en la barriga.

Su hermano le trajo el gatito, pero se escapó en el locutorio y yo no lo he visto.

Toda la tarde nos pasamos rezando a San Antonio para que viniese a buscarlo, y no nos hizo caso.

¡Tenemos siempre tanto que rezar! Unos días es para que llueva y no se hielen las lechugas; otros para que se le quiten los dolores de reuma a la madre Bernardina, o para que venga a predicar Fray Ruperto...

Por la noche, me dijo, callandito, la madre Florinda:

–¡No hagas ruido! ¡Nicolás está aquí!... Lo he visto en el pasillo...

¡Me dio un miedo! ¡Vaya una manera de hacernos visitas! Cuando me acosté no me podía dormir, aunque metí la cabeza debajo de las sábanas.

De pronto sentí que la puerta de mi cuarto, que tiene el pestillo roto y no engancha, se abría despacito...

No me atrevía a respirar. Seguramente era el sacristán. ¡Qué miedo!

Recé todas las oraciones que se me ocurrían; pero fue peor, porque Nicolás se subió a mi cama... ¡Ay!

Salté al suelo, salí al pasillo y me escondí en el cuarto ropero, que está junto al mío... Casi en seguida entró, arrastrándose, el sacristán.

Yo no sabía qué hacer, y me escurrí al jardín por el olmo alto que llega hasta la ventana... Después miré arriba, y vi que un bulto blanco bajaba también.

Corrí a casa de Juanón, el jardinero, y encontré la puerta cerrada... No tuve más remedio que trepar por la cañería del agua, hasta una ventana del primer piso.

Y al meterme por la ventana caí en un barreño lleno de cacharros... Se armó un ruido espantoso. Rompí lo menos cien platos...

–¿Quién anda ahí? –gritó Juanón.

–¡Ladrones! ¡Ladrones! –chilló su mujer.

Sesenta personas cayeron sobre mí a puñadas y pellizcos...

Bueno, no eran más que Juanón y Manuela, pero parecían más de lo fuerte que me daban. ¡Qué brutos! ¡No me dejaban tiempo de respirar!

Cuando encendieron la luz se quedaron espantados.

–¿Pero eres tú, Celia? ¿A qué has venido?

–Porque sí... Porque tenía miedo... ¡Vaya un modo de recibirme!

–¿De quién tenías miedo?

–De Nicolás, que venía detrás de mí.

–¿Qué Nicolás?

–El sacristán.

–El sacristán no se llama Nicolás, se llama Luciano... ¡Ah! ¿Conque sí? ¡Anda por ahí a estas horas ese bribón? ¿Dónde estaba?

–En el pasillo de arriba.

–Iría a robar cera... Me han dicho que la vende.

Como yo tiritaba de frío, en camisón, me llevaron al colegio, y entonces sí que se armó un jaleo horrible.

Juanón contó no sé qué historias del sacristán, y lo que yo había dicho. Mandaron bajar a la madre Florinda, que lloraba mucho, y no comprendía por qué estaba yo allí, y la madre superiora no nos entendía a ninguno.

–Pero ¿por qué se ha escapado usted del colegio otra vez?

–Porque Nicolás corría detrás de mí... La madre Florinda lo había visto en el pasillo por la noche.

–¿Es verdad lo que dice Celia, madre Florinda?

–Sí, madre. Al anochecer lo vi salir del cuarto ropero...

–¿Pero quién es ese Nicolás?

–El gatito que me trajo mi hermano y que se me había escapado...

–¡Pero Celia! ¿Es posible que haya usted armado este escándalo a media noche por un gato?

–No, madre. Yo tenía miedo del sacristán que se murió hace diez años y que la madre Florinda me había dicho...

–¡Jesús! ¡Jesús! Entonces, ¿qué historia es esta del robo de la cera que dice Juanón?

Nadie hemos entendido nada y todos se han enfadado. A mí me han separado de la madre Florinda, y he vuelto al dormitorio grande; a Luciano le han dicho que yo le he acusado de robar cera, y dice que me va a pegar...

Lo peor de todo es que me han castigado a pasar un día entero en el cuarto de las ratas por dar escándalo en el colegio...

El cuarto de las ratas

¡Fue horrible!

Creí que a las madres se les habría olvidado todo, porque no me decían nada. Pero, sí, sí, cualquiera se fía...

El lunes, cuando estaba más tranquila y salía de la capilla para entrar en clase, la madre Bibiana me cogió de la mano y me llevó por unos pasillos largos hasta más allá de la cocina.

Después abrió con una llave un cuarto muy oscuro, me dejó dentro y volvió a cerrar.

¡Madre de Dios, qué miedo!

Lloré, grité, di patadas en la puerta y, al fin, me callé... ¡Nadie me hacía caso!

Entonces vi que el cuarto donde estaba no era tan oscuro como me había parecido al entrar.

Y pude ver un baúl grande, una cesta, un mueble que parecía un altar viejo y muchos trapos. Las ratas estaban escondidas detrás de estas cosas.

No me senté ni me separé de la puerta un momento, para defenderme mejor cuando vinieran a morderme...

Oía, muy lejos, a las niñas cantar en clase, y a la madre Consolación explicando Gramática.

–Pero, ¿no saben ustedes cuál es el sujeto de la oración? «Yo voy a París en el tren.» «Yo» soy el sujeto de esta oración... Veamos cuál es el sujeto.

Ninguna contestación. ¡Qué tontería! Pues el sujeto es la madre Consolación cuando va en el tren...

De pronto salió un ruido del altar. ¡Una rata!

No sé cómo me encontré subida en el montante de la puerta. ¡Ninguna rata se atrevió a subir detrás de mí!

Veía todo el pasillo, y a las legas entrar y salir de la cocina. Además las oía hablar.

–¿Quién ha dicho que hagamos el arroz sin rehogarlo antes?

–La madre Isolina.

–Pues lo que tiene que hacer la madre Isolina es aprender a coserse sus tocas y no meterse en lo que no entiende... ¡Vaya! Lo haré como ella ha dicho, pero por mi parte no pienso comer semejante porquería.

–¡Hermana, no sea soberbia!

–¿Soberbia yo? ¡Jesús mío! Eso otras que siempre están hablando de lo que fueron en el siglo...

Entró una madre y se callaron. A poco oí decir:

–¿La han traído ya?

–Sí, señora. ¡Buenos golpes ha estado dando en la puerta!

¡Hablaban de mí! Pero aunque quise saber lo que decían, ya no oí más con el chorro de la fuente que estaba cayendo.

¡Qué bien olía! Ya era hora de comer, y las legas llevaron fuentes y platos al comedor. A mí me trajeron la comida en una bandeja, y esperaron en la puerta que viniera la madre Bibiana con la llave.

Me bajé del montante, que estaba altísimo, agarrándome a los salientes de la puerta. Y abrieron.

Me traían pan, agua, sopa y sesos... Ni fruta ni mermelada... ¡Vaya una comida!

–¡No quiero comer eso! No me gusta.

–La madre ha dicho...

–Ya sé lo que ha dicho: que Nuestro Señor bebió hiel y vinagre.

–Eso mismo.

–Bueno, pues no quiero comer...

–¡Qué niña tan rebelde!

–Y tú también eres rebelde y no quieres comer el arroz.

–¡Dulce Jesús mío! ¿Quién le ha dicho a usted eso?

–Y dices que la madre Isolina no sabe coser las tocas...

–¡Vaya! No tengo ganas de conversación... ¡Una servidora, con decir a la madre que no quiere usted comer...!

Y se fue con la bandeja, dándose más importancia que un obispo.

Yo me subí otra vez al montante, y oí cantar en el jardín: «Ambo, ato, matarile, rile, rile»... Y oí el órgano de la iglesia, y a las madres cantar en el coro...

¡Nadie se acordaba de mí! ¡A nadie le importaba que yo no comiera! ¡Ay, pobrecita Celia! ¡Pobrecita, pobrecita! De tanto pensarlo casi me moría del disgusto. ¡Lloré hasta que se me acabaron las lágrimas!

Después me entretuve otra vez oyendo hablar a las legas en la cocina.

–No hable fuerte, hermana, que está ahí la niña esa escuchándolo todo. Ha oído lo de la madre Isolina.

–¡Ah, sí! ¡Miren qué educación!

Después cuchichearon y se reían como dos tontas que son las pobres.

Y yo me aburría... Si siquiera hubiera salido una rata. Pero nada, ni oírlas siquiera.

–¡Pits, pits, pits! ¡Ratitas monas! ¡Monas, monas! ¡Nada! No salió ninguna. ¡No hay ratas!

Las legas decían muy fuerte:

–Ya sabe lo que ha dicho la madre que hagamos con la que está encerrada.

–¿Con...?

–Sí, sí. Pues sacarle las tripas y desollarla para que esta noche se quede al sereno.

¡Qué atrocidad! ¡Pero qué bribonas!

–¿Y quién la va a matar? –preguntaba una.

–Vendrá Luciano, el sacristán, que tiene más fuerza.

¡Dios mío! ¿Qué iban a hacer conmigo? ¡Era horrible! ¡Y cómo se reían! La madre no podía haber mandado que me mataran... Eran ellas, porque estaban furiosas conmigo por lo que había dicho...

¡Luciano, que es muy bruto y me tiene mucha rabia, era el que me iba a clavar el cuchillo!

Me entró un frío por todo el cuerpo que daba diente con diente.

Recé muchas oraciones, pero me perdía y las revolvía todas...

Y entre tanto iba oscureciendo y no venían a matarme..., ni las madres se acordaban que no había merendado todavía...

¡Ay! Salió una lega y volvió con Luciano.

No sé qué pasó. Sentí que me escurría y, ¡pum!, al pasillo...

Desperté en una cama de la enfermería, con la madre San José a mi lado.

–¡Que no me maten, madre San José, que no me maten!

–¿Qué estás diciendo? ¡Calla, calla y tranquilízate! ¡Esto te ocurre por ser mala y revoltosa!

–¿Por qué me quieren matar?

–¡Calma, calma! ¡No digas bobadas!

–¡Sí, sí, bobadas! Las hermanas legas han llamado a Luciano para que me saque las tripas y me desuelle... Yo lo he oído desde el cuarto de las ratas...

–¿Estás segura de que hablaban de ti? ¿No sería de la liebre que trajeron ayer?

–¿Ay, sí? ¡Eso era! ¡Claro! ¡Qué malas son las legas! Estoy segura que lo decían por asustarme.

El burro y el gitano

Me han castigado a estar de rodillas la hora de visita. No me importa... ¡No ha sido por nada malo! Como ya hacen buenos días, los jueves vamos de paseo a un pinar que hay en las afueras.

Las madres se sientan a leer sus libros en un ribazo, y nosotras nos vamos lejos a jugar a la gallina ciega, o al escondite, o al zurriago.

Entre los árboles hay una ermita, y por la rejilla de la puerta vemos el santo, que tiene las barbas muy largas y un palo en la mano.

«¡San Serenín!» –gritamos, y la voz suena dentro de un modo que da mucho miedo y mucho gusto a la vez.

Junto a las tapias de la ermita unas mujeres venden naranjas y cacahuetes. Algunas niñas tienen dinero y compran sin que las vean las madres.

El jueves encontramos a unos gitanos junto al arroyo, que estaban guisando una cosa que olía muy bien, y acabando de esquilar un burro. Bajamos a verlos María Rosa, Josefina, Pilarín y yo.

El burro se estaba quieto, y el gitano, con unas tijeras muy grandes le hacía dibujos preciosos en el pelo.

–¡Oye, gitano! ¿Qué escribes ahí?

–Pues un «¡Viva mi amo!» que quita el *sentío.*

–¡Qué bonito! Y esas florecitas que le has puesto más arriba, ¿qué son?

–Requilorios y perfiles que sabe hacer el hijo de mi madre.

–Y tú también sabes hacerlos... ¡Pero ya estás acabando! ¿Quieres que te traigamos otro burro para que lo esquiles como yo te diga?

–¡Natural! *¿Pa* qué está uno?

Entonces fuimos a la ermita y sacamos de la cuadra a *Perico,* un borriquito espelurciado que siempre está allí.

¡Nos costó un trabajo convencerlo de que viniera con nosotras! El pobre tenía atadas con una cuerda las dos patas de delante, y no sabíamos cómo desatarlo.

Al fin, con mucha paciencia, entre Josefina y yo lo desatamos.

–Arre, *Perico,* vamos a que te pongan guapo.

Josefina quería que le pusieran los mismos dibujos que al otro; pero yo le dije al gitano que le pintara muchos pajaritos volando y un aeroplano en medio.

–El caso es... que, aunque uno sabe hacer lo que haga otro, como uno no ha visto *na...*

–¡Ah! ¿Es que no sabes? Pues mira, puedes pintar una mona. ¿Eso sí sabrás?

Perico no se estaba quieto; pero entre todas, acariciándolo, conseguimos que se dejara esquilar la tripa, que la tenía con unos pelos muy largos y llena de barro.

–A este animalito le *hase* falta *cuido* y limpieza para estar lo mismo que un sol –decía el gitano.

Nosotras le dábamos cacahuetes y caramelos, que yo llevaba en el bolsillo, y se hizo tan mansito que daba gusto.

–¡*Periquillo,* guapo; no va a haber otro borrico como tú!

El gitano le hizo con las tijeras unas rayas de dibujitos, y luego unos bodoques, que dijo que eran los pájaros. Después le pintó unas letras muy bien hechas que decían: «¡Ave María Purísima!»

–¿Eh? ¿Qué os parece? ¿Soy o no soy un artistazo?

Todas le dijimos que sí lo era. Entonces sentimos las palmadas que dan las madres para reunirnos, y escapamos a correr.

Yo volví la cabeza y vi al gitano, que venía dando voces detrás de nosotras y tirando del burro.

–¡Viene el gitano!

–Que venga. No te pares –dijo María Rosa–. Si sabe la madre Consuelo que hemos hablado con él, nos regañará.

Las madres decían que se estaba poniendo el sol y que hacía mucho frío.

Nos formamos de dos en dos, como habíamos ido, y ya íbamos a marcharnos cuando llegó el gitano.

–¡Eh! Que se dejan aquí el burro y no me han pagado mi trabajo.

Las madres no le entendían, y nosotras nos callamos.

–¿Qué dice usted, buen hombre?

–Que ya está *Perico esquilao* mismamente como un rey. ¡Vean sus reverencias! Aquí le he puesto una banda de golondrinas que se las oye piar... Y detrás esta «Ave María» que está para comérsela.

–Sí, sí, muy bien... Vaya, adiós...

–¿Es que quieren que les lleve el burro al convento?

–¿Qué hemos de querer? Pero si este burro no es nuestro.

–¿Que no? ¡Si me lo han llevado estas chicas para que lo esquile!

–No puede ser.

–¿Entonces de quién es el burro?

–Nosotras no sabemos... Tal vez sea del tío Felipe el santero... ¡Vamos, niñas, vamos, que se hace tarde!

Nos fuimos; pero el gitano siguió dando voces y pateando de rabia. María Rosa y yo le mirábamos desde lejos, y le vimos dando patadas al burro. ¡Qué bruto! ¡Y eso que parecía tan bueno!

–¿Crees tú que el santero le pagará?

–No sé. Pero aunque no le pague, ¿qué tiene que ver eso?

Ayer nos ha reunido la madre superiora para saber quiénes fueron las que llevaron el burro al gitano.

Todas han dicho que fui yo.

–Sí que he sido yo, pero también otras me acompañaron.

–Diga usted qué niñas fueron.

–Ya no me acuerdo...

–Está bien... Pues sepa usted y las que la ayudaron a esa fechoría que el borrico era del santero, y que los gitanos han desaparecido, llevándoselo. De este pecado horrible son ustedes las responsables, y Dios las castigará.

–Bueno. Ya le contaré yo a Dios cómo ha sido...

–Por lo pronto queda usted castigada a estar de rodillas en el salón mañana, durante la hora en que vengan las visitas. Espero que este acto de humildad servirá para corregirla...

Y por eso esta tarde estoy aquí de rodillas...

Castigada

Toda la tarde estuve de rodillas, porque se olvidaron de mí.

Yo esperaba a papá, que viene todos los domingos a verme; pero este día, que me hacía más falta que nunca, no vino.

En cambio, vinieron muchas señoras. Las mamás de todas las niñas, y sus tías y sus abuelas...

Mucho antes de la hora de visita ya estaba yo de rodillas en el salón, mientras las niñas ensayaban una comedia que van a hacer, y las señoras iban llegando.

Al verme arrodillada en un rincón, me aburrieron a preguntas:

–¡Pobrecita! ¿Qué has hecho para que te hayan castigado?

–Nada...

–Algo habrás hecho, picarona...

–Pues decir al gitano que esquilara el burro.

–¡Vaya! ¿Y quién te mete a ti a decir...? Para eso están los mayores.

Después la mamá de Pilarín me dijo:

–¿Conque has mandado esquilar el burro sin permiso de nadie? ¡Qué criatura! ¿No ves que aún no es tiempo? Eso más adelante, cuando haga calor...

–Si no fue por eso –¡qué señora más tonta!–; si es que los gitanos han robado el burro.

–¡Ah! ¡Ya decía yo! Entonces tú has tenido la culpa, ¿verdad?

–Eso dice la madre...

Y luego, la abuelita de María Rosa vino también a preguntarme:

–¡Pero, criatura! ¿Tú has tenido la culpa de que los gitanos roben a las madres? Ya, ya me habían dicho a mí que eras una niña muy mal criada...

Y se fue; pero en seguida vino una tía de Josefina, y su hermana mayor, y una amiga de la mamá de Lolita... ¡Vuelta a preguntarme!

–¿De modo que han robado el convento esta semana?

–Yo no sé...

–¿Que no sabes? ¡Buena pájara estás tú hecha! ¡Has tenido la culpa!

–¿Yo?

–Sí, tú, tú. Tú, que has abierto la puerta a los ladrones.

–¡Yo! ¿Qué puerta?

–No te hagas de nuevas, que se lo acaban de decir a doña Sabina.

Todas las señoras se reunieron en un grupo y se pusieron a hablar, manoteándome y mirándome a mí. Decían:

–¡Qué niñas estas! Nunca han ocurrido estas cosas. Es que aquí mandan lo peor de cada casa... Cuando yo me eduqué era distinto...

–¡Calle usted, por Dios! ¡Si ahora los niños nacen sabiendo! ¡Esto es el fin del mundo! ¡Le digo a usted que el fin del mundo!...

¡Yo tenía una rabia! ¡Vaya unas señoras tontas! Siempre había alguna a mi lado preguntándome cosas y dándome consejos.

Que si yo era una niña muy consentida, que si ya escarmentaría, que si iba a ser muy desgraciada. ¡Ya estaba yo harta! ¡Me entró un deseo de decir barbaridades!...

A ver a María Antonia vino el mayordomo de su casa, porque su papá y su mamá están de viaje, y también se acercó a mí. Es un señor viejecito.

–¿Por qué estás castigada?

–Porque sí...

–¡Buena razón! ¿Tú sabes si podría yo hablar con la madre superiora?

–No, porque está mala.

–¿Sí? ¿Qué tiene?

–Viruelas.

–¿Estás segura?

–Segurísima... Y la madre Visitación, y la madre Florinda, y Nicolás... Todos tienen viruelas.

–¡Pero es espantoso! ¡Y estas benditas señoras sin decir nada! ¿Y qué dice el médico?

–Que se van a quedar muy feas.

–¿Pero no se dan cuenta de que esto no puede quedar así? ¡Qué barbaridad!

El viejecito se separó de mí y se fue a contar lo que yo le había dicho a las señoras.

Algunas se reían y decían que yo era una embustera, pero, al fin, todas se marcharon de prisa.

Cuando bajaron las niñas estaba yo sola en el salón.

–¿Qué ha ocurrido? ¿Pero es que no ha venido nadie? –decían.

De mí no se acordaron, y me quedé sola otra vez.

El salón se fue quedando oscuro, y yo escuchaba lo que ocurría por los pasillos y en la puerta del vestíbulo.

Oí que vinieron por Josefina de parte de sus padres, y después, por María Antonia, y luego, por Anitita y Fifí, que son hermanas.

Cuando fue de noche vino la madre Loreto a decirme que fuera a cenar.

En el comedor había muy pocas niñas, y las madres estaban serias.

–¿Qué pasa? –pregunté a Julita, que estaba a mi lado.

–No sé... Han venido por muchas niñas y se las han llevado a su casa. Habrá títeres o revolución...

–Yo he estado de rodillas toda la tarde...

–Ya lo sé..., y me alegro...

–¡Ay! ¿Sí? ¡Tonta! ¡Fea!

–¡Chist! ¡A callar! –dijo la madre.

Cuando no me miraban le dije a Julita:

–¿Sabes por qué se han llevado a las niñas?

–¿Por qué?

–Porque es el fin del mundo. Todas las señoras lo decían esta tarde en el salón, y se han ido corriendo.

Julita abrió mucho los ojos y me miró asustada.

–Sí, sí, es verdad. Esta noche se acaba el mundo.

Entonces se lo dijo al oído a Natividad, y ésta a Teresita, y todas me miraron. Al fin, una niña se echó a llorar a gritos.

La madre vino corriendo.

–¿Pero por qué llora usted de ese modo? ¿Qué le pasa? ¿Qué le duele?

–¡Me quiero ir a mi casa! ¡Yo no quiero estar aquí!

–¿Se quiere usted ir? ¿Y por qué? Diga, diga...

–Porque es el fin del mundo...

–¡Jesús! ¿Quién se lo ha dicho?

Todas las niñas se pusieron a llorar, menos yo, porque no tenía gana.

Las madres hablaban entre ellas, y también estaban muy asustadas.

Nos hicieron bajar a la capilla y mandaron recado a don Restituto, el capellán, que llegó en seguida. Pero cuando supo por qué lo habían llamado, se enfadó.

–¿Quién ha inventado esa majadería? –dijo.

Entonces vino una mujer a buscar a Julita de parte de sus papás, y don Restituto le preguntó por qué se la llevaban.

–Porque los señores han sabido que en el colegio hay viruelas.

–¡Dios mío! ¿Pero quién ha inventado esa mentira? –dijo la madre Loreto.

–Se lo ha dicho una niña que estaba castigada en el salón...

–¿Ha sido usted, Celia?

El capellán se reía mirándome:

–Sí, no indague más, madre. Ya sabemos quién ha puesto en revolución a todo el mundo esta noche... Ella ha decidido que nos den a todos viruelas y que suenen las trompetas del juicio. ¡Esta diablota no nos va a dejar vivir!

Las burlonas

Al otro día volvieron todas las niñas, porque don Restituto fue a sus casas, de parte de la madre superiora, a decir que era mentira lo de las viruelas.

A mí me llevaron a un cuartito sola, hasta que bajé a la capilla para confesar.

Don Restituto decía que estaba muy enfadado, pero yo creo que era de mentirijillas.

–Eres una niña insoportable –me dijo–. ¿A ti te parece bien haber levantado esa calumnia?

–¿Qué calumnia?

–Decir que hay viruelas en el convento, sin ser verdad, es una calumnia.

–¡Pero si es que me estaban aburriendo a preguntas!...

–¡Eso sí lo creo! ¿Y qué te preguntaban?

–Por qué estaba castigada, que quién era yo para mandar esquilar el burro..., quién había robado el convento...

–¿Pero quién ha inventado eso del robo?

–Pues ellas... Se lo contaban unas a otras, y cada una añadía un poquito...

–Lo creo, lo creo, hija... ¡Qué mujeres estas!... Bueno,

¿y por qué dijiste luego a tus compañeras que se iba a acabar el mundo?

–Porque también lo decían las señoras que vinieron el domingo. Doña Sabina ponía los ojos en blanco para decir: «¡Qué niñas hay ahora! ¡Esto es el fin del mundo!».

–¡Ja, ja, ja! ¿Y por eso tú creíste...? ¡Ja, ja, ja! Bueno, hija, bueno. Pues en penitencia... que te compren unos caramelos, ¿sabes?, y rezas una Salve.

La madre Loreto vino por mí cuando acabé de confesarme y me volvió a llevar al cuartito. En castigo me mandó coser unas medias rotas.

–Supongo que estará usted avergonzada de su comportamiento –me dijo.

Yo me callé, porque no sabía qué decir.

–¿Qué? ¿No dice usted nada? Ya se lo habrá dicho don Restituto en el pecado de falta de caridad que ha incurrido... Sus pobres compañeras se han visto separadas durante unas horas de esta santa casa... Nuestra madre, a la que todos debemos respeto y obediencia, está enferma del disgusto...

Tantas cosas me dijo, y las medias que estaba cosiendo tenían tantos agujeros, que me eché a llorar, y la madre se puso muy contenta.

–¡Eso, eso le hace falta, arrepentimiento y contrición!

Y yo lloraba cada vez más fuerte, hasta que la madre se asustó y me dijo:

–¡Calle, calle, por Dios, que se va a poner enferma! No llore más... Confíe en la misericordia divina. ¿Quiere que yo le aconseje lo que debe hacer para volver a la gracia? Tengo orden de la superiora de que no salga de aquí hasta estar verdaderamente arrepentida... ¿Quiere presentarse en el comedor cuando estén comiendo para pedirles perdón?

–Sí, madre, sí.

¡Ay, qué pena tenía yo más grande, no sé por qué!

–¡Vaya, no sc apure más! Dios la hará buena si se arrepiente de corazón...

Yo prometí arrepentirme. ¡Ya estaba arrepentida! Y a la hora de comer fui con la madre a la puerta del comedor.

–¿Y ahora qué hago, madre?

–Su ángel de la guarda le dirá lo que debe hacer.

Me acordé de una función de teatro que había visto con mamá, en que pasaba una cosa parecida. Me arrodillé con los brazos en cruz, y dije:

–¡Perdón, perdón!... ¡Yo lo imploro de algo de tu corazón!...

Todas las niñas se echaron a reír, y algunas que estaban bebiendo se atragantaron y tosían. La madre no me dejó hablar y les pidió que me perdonaran.

Dijeron que sí, pero hinchaban los carrillos y se ponían muy coloradas para no soltar la carcajada. ¡Vaya unas tontas!

Cuando comía con ellas me miraban de reojo y se daban con el codo. ¡Hasta Pilarín, que es mi amiga, se reía! ¡Me dio una rabia!

Al salir del comedor nos encontramos en la galería con unos hombres negros quc habían venido a limpiar las chimeneas, y todo el suelo estaba cubierto de polvo negro y finito.

Hice un cucurucho de papel y lo llené, cuando no me miraban, para guardarlo en el bolsillo. ¡Cómo se me pusieron las manos!

Me lavé en la fuente del jardín y me sequé con el pañuelo. ¡Si llegan a verme las acusicas van en seguida con el cuento a la madre!

No jugué con ninguna, porque no hacían más que mi-

rarme y reírse. ¡Tontas! Por la noche puse el cucurucho de polvos negros debajo de la almohada.

¡Estaba más rabiosa con todas las niñas! Merecían que yo me burlara de ellas también... Entonces se me ocurrió una picardía.

Cuando nos desnudamos, la madre Loreto levantó las cortinas de las camas y se puso a pasear, rezando, como todas las noches.

Yo me hacía la dormida, pero no me quería dormir. Al fin, la madre nos miró una por una y, creyendo que dormíamos, se marchó. Yo me levanté callandito.

De puntillas me fui acercando a las camas, y con el dedo untado en los polvos negros del cucurucho les pinté a todas unos bigotes preciosos. A María Rosa, que me había sacado la lengua, le pinté barba además.

Algunas se movían un poco, como si se fueran a despertar, pero yo lo hacía con tanto cuidadito, que ninguna se despertó.

A Fifí no la pude pintar, porque tenía la cara debajo de las sábanas.

¡Lo que me iba a reír al otro día!... ¡Anda, por burlarse de mí!...

Después me pinté yo bigote y perilla, porque si no sabrían quién había sido. Tiré el cucurucho y me dormí.

Al despertar ya no me acordaba. ¡Qué jaleo se armó cuando nos levantamos!

Unas estaban pintadas y otras no, pero todas las sábanas se habían llenado de hollín, menos la de Fifí.

Y, claro, a ella le echaron la culpa. ¡Qué listas son las madres!

Fifí lloraba y decía que no había sido... Yo me acordaba de que ella se reía más que ninguna en el comedor mientras yo pedía perdón de rodillas...

¡Anda, que la castiguen por burlona! ¡Así aprenderá a no reírse de mí!

Pero cuando vi que se la llevaban al cuarto de las ratas, me dio tanta pena, que grité:

–¡Madre Loreto, he sido yo! ¡Que me castiguen a mí!...

¡Y no me castigaron!

¡Yo he sido!

La madre Loreto dijo:

–Cuando una niña se acusa a sí misma porque no castiguen a otra tiene un corazón noble. Celia, baje a la capilla y rece un padrenuestro para que Dios la perdone. Nosotras ya la hemos perdonado.

Desde aquel día estoy muy contenta. Las niñas me quieren mucho, y las madres no me castigan nunca.

Una vez que dejaron el agua del lavabo corriendo, cayó al suelo, y hasta que salía por los pasillos nadie se enteró.

Las legas tuvieron que recoger el agua con bayetas, y una madre nos preguntó quién había sido la descuidada que dejó el grifo abierto.

Ninguna decía nada, y entonces yo dije:

–He sido yo, madre, que algunas veces me olvido de cerrarlo...

–Bueno, encomiéndese a Nuestro Señor para que le dé más memoria, y procure que no le ocurra otra vez.

Luego, en el recreo, me dijo Rosalía:

–¿Por qué has dicho que eres tú si no es verdad?

¡Era ella! Son tontas, y no lo quieren decir porque no les quiten los vales. A mí lo mismo me da...

A los pocos días, cuando estábamos por la tarde en la meditación, nos prendieron las faldas a todas las de un banco.

Al levantarnos, vimos que estábamos prendidas unas a otras con alfileres.

Y no quisimos quitarnos, porque nos daba mucha risa salir así de la capilla.

La madre Bibiana se enfadó al vernos:

–¿Pero qué travesura es ésa? ¿Quién ha sido?

Todas nos callamos, y nos poníamos muy coloradas de aguantarnos la risa. La madre decía:

–¡Esto es un escándalo y una irreverencia! Una niña que está entre vosotras no sólo se ha distraído en la santa meditación, sino que ha sucumbido en el pecado...

Ninguna decía nada, y la madre nos anunció que nos quedábamos todas sin postre. Entonces, yo me adelanté y me eché la culpa:

–He sido yo, madre. No castigue a ninguna.

–¡Muy bonito! ¡Qué niña, Jesús mío! Tiene usted que reconciliarse esta misma tarde para poder comulgar mañana.

María Rosa, que sabe mucho y se le ocurren juegos muy divertidos, llenó un día en clase un cucurucho de papel con la tinta de su tintero.

El juego era dárnoslo unas a otras, sin derramar la tinta, diciendo:

«Lleno te lo doy;
si vacío me lo das,
tú lo pagarás».

Nos lo dábamos muy deprisa y sin apretarlo con los dedos.

La madre Consolación todo lo ve, y en seguida se dio cuenta.

–¿Qué están ustedes haciendo?

–Nada... No hacemos nada, madre.

–Nada bueno será. ¿Qué es eso que se dan unas a otras? A ver, quiero yo verlo...

Y aunque no se lo queríamos dar, al fin nos lo quitó.

–Pero ¿qué es esto? –dijo despachurrando el cucurucho, que se reventó en sus manos, y la tinta se derramó en el suelo y en el hábito.

¡Cómo se puso de sucia y de enfadada!

–¿A quién se le ha ocurrido este juego? ¿Quién ha sido? ¡Contesten en seguida o castigo a toda la clase!

–¡He sido yo!... –dije.

–¡Vaya! Me lo estaba figurando. Con usted ha entrado en el colegio la indisciplina y el desorden. Después, con

acusarse, ya cree que todo está arreglado. Pero Dios lo ve todo y la castigará...

Por eso no me importa. Como Dios lo ve todo, sabe quién ha sido, mejor que la madre Consolación.

En la cena comíamos siempre de primer plato unas hierbas verdes muy pringosas, que dan mucho asco. Son acelgas. Me lo ha dicho Josefina.

También me dijo que ya no las íbamos a comer más, porque estaba harta.

–El primer día que pueda escaparme al huerto, en el recreo, las arranco todas y las tiro por encima de la tapia. ¿Quieres venir conmigo?

–¿Son acelgas las que planta Juanón con tanto cuidado junto al pozo?

–Sí. Es un asqueroso. Mira qué poco las come él. Las pone para que nos las hagan comer a nosotras.

–¿Nos tiene rabia?

–No sé, pero hay que arrancarlas, porque si no en toda la vida acabaremos de comernos las que hay plantadas.

Después, como Josefina ya no se junta conmigo, no volví a hablar con ella ni supe cuándo las arrancó, hasta que vino Juanón muy enfadado diciendo que habían tirado las acelgas y las brecoleras al pozo.

Las madres se enfadaron mucho. Más que nunca. Me dijo Rosa que la madre Isolina echaba chispas por los ojos.

Yo no lo vi, y casi no lo creo.

Entonces le conté a la madre Loreto que había sido yo.

–¡Es posible! ¿Por qué ha hecho usted eso?

–Porque no me gustan las acelgas, ni a las niñas tampoco...

–¡Oh! ¡Esto ya es demasiado! Daré cuenta a la madre superiora, y habrá que tomar una determinación con usted.

No hice caso, porque otras veces también me lo han dicho y no ha pasado nada. Pero al día siguiente me llamó la madre para decirme que había escrito a mis padres notificándoles mi proceder.

Bueno, yo no sé lo que es eso, y me quedé tan contenta.

Ayer por la mañana vimos que corría gente por la carretera y que pasaba la Guardia Civil. Después volvió a pasar con un hombre atado que se defendía.

A nosotras no nos contaron nada; pero Fifí, que de todo se entera, nos dijo que habían matado a no sé quién, y habían prendido fuego a una casa y el pinar estaba ardiendo.

–¿Y ha sido ese hombre?

–Nadie lo sabe, porque él dice que no... Pero lo ahorcarán, ya veréis...

¡Qué tonto! ¡Tenía más que acusarse para que lo perdonaran!

Todo el día estuve pensando en él, y ya por la noche me decidí.

–Madre Loreto, quiero contarle una cosa a la madre superiora.

–¿Es caso de conciencia? Porque si no lo es, mejor será que espere a mañana.

–No, no. Se lo quiero decir hoy.

–Venga conmigo entonces.

Cuando estuve delante de la madre, me puse de rodillas:

–¡He sido yo! ¡Que no castiguen a nadie!

–¡Usted! ¿Pero qué barrabasada ha vuelto usted a hacer?

–He matado a no sé quién, y he prendido fuego a una casa, y el pinar está ardiendo.

La madre me miraba como si hubiera dicho una atrocidad.

–¡Pues sí, pues sí, he sido yo!

–¡Usted no sabe lo que dice, criatura!

–Sí sé, sí sé. No ha sido ese hombre que llevaban por la carretera; he sido yo...

–¡Jesús mío! ¡Esta niña lleva muchos días acusándose de lo que no hace!...

Quiero ser santa

He hecho confesión general. La madre Loreto me ha preparado en el cuartito de abajo, mientras las niñas estaban en el recreo.

Con las maderas de las ventanas cerradas y dos velas encendidas encima de una mesa, donde había un crucifijo, el cuarto estaba muy triste.

Y yo más. ¡Me ha contado unas cosas la madre Loreto!...

Ya sé lo de aquella niña que mentía mucho, y cada mentira era un sapo horrible que le salía por la boca...

Y aquel niño que tenía un pecado con cabeza de serpiente, que le subía a la garganta y se volvía a esconder porque no lo confesaba...

Y la otra, que se hundió en el infierno con cama y todo...

–¿Vivía en un piso muy alto, madre? Porque los vecinos se quedarían asustados al verla pasar como un ascensor, rompiendo los techos y los suelos...

Yo me arrepentí de haber pecado tanto, y con una pena muy grande me fui a confesar.

Pero me parece que don Restituto es como papá: se ríe siempre, y no hace mucho caso de lo que le digo.

–¿Por qué lloras tanto? –me decía asombrado.

–Porque estoy arrepentida..., y voy a ser buena... y quiero ser santa.

–¡Es una decisión maravillosa, hija mía! Tú tendrás seguro el cielo, y a nosotros nos dejarás casi en la gloria.

Después me dio un libro con vidas de niñas santas, que es precioso.

La hora del recreo la pasé leyéndolo sentada al sol, en un banco del jardín. Ya lo he leído veinte veces, y me parece más bonito cada vez.

Todas las historias comienzan así: «Fue Eulalia, desde su más tierna edad, el asombro de su noble familia...». O «En la ciudad de Asís nació la niña Clara, rara joya de valor inestimable.» «La bienaventurada Genoveva fue una niña extraña...»

Porque todas las santas fueron muy raras cuando eran pequeñas, y tenían unos padres muy malos.

El padre de Santa Catalina era un perro que se llamaba Moro. Nosotras lo cantábamos todos los días:

En Cádiz hay una niña
que Catalina se llama.
Su padre es un perro Moro;
su madre, una renegada.

Así, que estoy viendo que no voy a poder ser santa aunque quiera...

En cambio, ha entrado ahora en el colegio una niña bizca, con las narices despachurradas que se llama Elguibia, y la pegaba su papá. ¡Esa sí que puede ser santa!

–Dime, ¿es verdad que tu papá es muy malo y te pegaba mucho?

–No es mi padre, es mi tío. Yo nunca he tenido padres...

¡Si será rara! Para hacerme amiga suya le he regalado mi colección de estampas y una caja llena de conchas.

También le dejo leer en mi libro de cuentos y la ayudo a hacer los problemas.

Tiene las manos pequeñitas y ásperas, con muchas verrugas, y a mí me gustaría tenerlas así. Cuando habla dice «güeno» y «mejol», y de tanto oírselo decir lo digo yo también.

Y cuando la riñen las madres tuerce el hocico con un gesto muy raro, que yo no sé hacer igual, aunque lo he ensayado en el espejo del lavabo.

Le gustan mucho las naranjas, y yo no como postre para guardárselas.

Todo me lo pide: los pañuelos, los lápices, los bombones que me mandan de casa... Y yo todo se lo doy para que sea mi amiga.

Pero ayer, después que le di una virgencita de plata, se empeñó en que le diera el rosario de coral que me regaló mamá el día de mi santo.

Y como no quise, no me habló en todo el día. ¡Tenía yo una pena! Al anochecido pasaba yo por la galería del coro, cuando se abrió una puerta y salió ella. ¡Qué paliza me dio...!

Me arrancó los pelos, me arañó la cara y me hizo sangre en la boca.

Yo no gritaba. Lloraba bajito para que no me oyeran y la castigaran...

Ni casi me defendía.

Pero llegó la madre Bibiana, y todo hubo que decírselo.

–¿Es usted tonta, Celia? ¿Qué estúpida afición le ha tomado a esta niña perversa? ¿No ve usted cómo le paga su cariño?

–Sí, pero es santa...

–¿Santa? ¿Qué está usted diciendo?

Mientras, Elguibia retorcía el hocico y se ponía horrible para burlarse de mí.

–Sí, madre, es santa o lo será, porque lo he leído en el libro que me dio don Restituto.

–¡Cualquier cosa! ¿Y qué ha encontrado usted en las vidas de niñas santas que se pareciera a su amiga?

–Que eran muy raras...

–¿Y qué?

–Pues que más raras que Elguibia no serían...

–¡Jesús, Jesús! ¡Tiene usted razón! ¡Pero no, por Dios! ¿Qué estoy diciendo? Hija mía, usted sí que es rara y extraordinaria, y capaz de volvernos a todas la cabeza loca...

–¿Entonces puedo ser santa?

–¡Ya lo creo que sí! Si usted se lo propone, lo será... Y usted, Elguibia, hoy se queda sin postre. Ya ha comido bastantes naranjas... ¡No crea que no sé lo que ha estado haciendo esta inocente!

Ya no he visto más a Elguibia. La han cambiado de clase, de mesa y de dormitorio.

Pero no me importa. Ahora la santa voy a ser yo, porque soy muy rara.

Para empezar a mortificarme había pensado no salir hoy a la hora de visita. He salido al fin, porque me lo han mandado, y yo quiero ser obediente como las santas.

Papá me ha dicho:

–¿Qué tontería es esa de no querer salir? ¿Es que no querías vernos?

–Era para mortificarme... ¡Como ahora quiero ser santa!...

–¿Sí? ¿Y cuándo te ha entrado esa vocación?

–Pues la he cogido en el jardín, leyendo al sol un libro muy bonito...

–¿Como si fuera la gripe?

–Una cosa así, ¿sabes? Pero estoy decidida... Ya se lo he dicho a la madre.

–¿Y qué te ha contestado?

–Que sí, que lo seré si quiero, porque soy una niña muy rara... Es que hay que ser rara para poder ser santa, ¿sabes? Lo que siento es que tú eres bueno y no me has pegado nunca...

–¡Caramba, qué contrariedad! ¡Todo son dificultades para aspirar a ese honor! En fin, si quieres puedo sacrificarme y darte unos azotes ahora mismo.

–¡No, no!

Me parece que papá se burlaba de mí...

Don Restituto

He decidido ser buena, decir siempre la verdad y obedecer a las madres en todo lo que me ordenen.

Ya sé que ser buena no es estar callada y cruzada de brazos. La madre Loreto me ha dicho:

–Hay que estar siempre contentos para mostrar a Dios que agradecemos la vida que nos ha dado.

–Por eso canto yo todo el día...

–No. Estar contenta no es alborotar a todas horas, sino sentir suave alegría interior.

Y como yo la siento siempre, pues canto por dentro:

Me casó mi madre,
me casó mi madre,
chiquita y bonita, ¡ay, ay, ay!
chiquita y bonita.

–¿Es que está usted rezando, Celia? –me preguntó un día la madre, al verme mover los labios.

–No, madre, es que canto, porque tengo suave alegría dentro de mí.

–Todo es alabar a Dios –dijo.

Ahora ya no me enfado cuando en el recreo de la tarde suenan las tres campanadas para que vayamos a la capilla.

¡Y cuidado que es fastidioso! A lo mejor estamos jugando a las cuatro esquinas, y ando yo pidiendo lumbre:

«–¿Me da usted una ascuita de lumbre?

»–Por allí, por allí rebulle».

Mientras, Pilarín y Lolita (que es una patosa) cambian de esquina... Voy a pillarla yo, y ¡tan, tan, tan!

¡Dios mío, qué rabia! ¡A la capilla!

Cuando entramos del jardín no vemos nada. Está oscura y fría como una cueva.

Nos sentamos a tientas en los bancos, y en seguida oímos a la madre Corazón de Jesús, que lee con una voz que le sale por las narices:

«Medita, alma mía, en el temido instante de la muerte. Tu ángel de la guarda libra su última batalla con Satán, que quiere perderte por toda la eternidad...».

Yo me pongo cerca de la pared, y, como hay una lámpara encendida delante de la Milagrosa, antes me entretenía haciendo sombras chinescas.

Pero ya no. Ahora medito. Me acuerdo de un gato que se nos murió en casa, y mamá le daba una medicina muy pringosa con una cuchara, y el gato no la quería... Siempre acabo llorando de tanta pena que me da.

–¿Por qué llora usted de ese modo?

–Porque he estado meditando.

–¡Ah! Bien, bien... No me cuente nada. El alma debe tener sus íntimos secretos, sólo conocidos por Dios.

Porque la madre Corazón de Jesús habla como lo que está escrito en los libros, y dice cosas tan bonitas que nunca se sabe lo que dice.

Me confieso todos los días, y el padre Restituto se aburre ya de oírme.

–Pero vamos a ver, hija –me dice–, si no tienes nada que contarme, ¿para qué vuelves a confesarte otra vez?

–Porque me quería reconciliar...

–¡Válgame el cielo! Pues, hija, con Dios ya parece que has hecho las paces, y conmigo hace tiempo que estás en paz... No, si la cosa es dar guerra...

Es que algunas veces se me olvida lo que tengo que decir, y eso que apunto los pecados en un papel. Lo apunto todo, aunque sea un pecadillo chiquitín como la punta de un alfiler; pero no sé cómo me arreglo que el papel se me pierde siempre, y cuando llego al confesionario no me acuerdo de nada.

–Vamos a ver qué traes hoy –me dice el padre.

–Pues nada. No me acuerdo de ningún pecado...

–¡Vaya, vaya, no me hagas perder el tiempo! No quiero preguntarte; confiesa tú sola...

–Acúsome, padre, que peca el padre Restituto y peco yo.

–¿Sí? ¿Y de qué peca el padre Restituto?

–El padre Restituto peca de impaciencia, y yo dándole guerra...

–¡Muy bien! Me parece que vas a ser tú buena bachillera...

Y se ríe, porque el padre es muy bueno, aunque nos ha estado engañando a todas. ¡No podéis figuraros lo que ha pasado!

He sido yo la única que lo ha descubierto todo, y he prometido no decir nada a nadie más que a vosotras, que me guardáis el secreto.

Todos los días, después que se acaba la meditación, me quedo un ratito más en la capilla cuando ya se han ido las niñas. Las madres me dejan, porque dicen que me ha tocado la Gracia.

Aunque Lamparón y Pronobis me hacen guiños, yo no los miro siquiera. Algunas veces veo a don Restituto y a Luciano, el sacristán, que arreglan las ropas de la sacristía.

Una tarde que estaba haciendo examen de conciencia, de rodillas en un banco, vi al señor cura que buscaba las llaves de una cómoda muy grande, donde están guardadas las casullas.

¡Dios mío, lo que supe entonces! ¡Me quedé espantada! No me podía dormir por la noche, y por la mañana no quise confesar sin contarle todo a la madre superiora.

–¿Qué es lo que le ocurre a usted tan temprano? –decía la madre Loreto, que todo lo quiere saber.

–Una cosa que no le puedo decir a nadie.

–Alguna bobada será...

–No es bobada. Si no se lo digo a la madre, no podré confesar, ni siquiera volver a la capilla...

–¿Tan grave es lo que tiene que decir?

–¡Ya lo creo! Muy grave, muy grave.

La madre superiora tampoco quería hacer caso, hasta que le dije que era de don Restituto lo que tenía que decirle.

–¡Calle! ¡Calle y no hable más! ¡Venga conmigo!...

Me hizo pasar a un cuartito pequeño que hay junto al coro, y cerró la puerta. Después se sentó y me hizo ponerme de rodillas.

¡Qué asustada me puso con tantos preparativos!

–¡Diga usted la verdad, sólo la verdad!

Al ver que se ponía tan seria me eché a llorar.

–¡Cálmese y dígalo todo, que está delante de Dios!

Me asusté más, y ya no podía decir una palabra.

–Pero cálmese, hija, cálmese. Cuanto más grave sea lo que haya de decir, más importante es que tenga serenidad... ¿Qué es ello?

–Pues que... que don Restituto nos está engañando a todas...

–¡Jesús! ¿Qué quiere usted decir con eso?

–Yo lo he visto, madre, yo lo he visto...

–¿Qué ha visto usted?

–He visto que no es un señor cura.

–¿No? ¿Pues qué es?

–Es un hombre... Lleva pantalones como mi papá... Lo he visto yo... Se levantó la sotana para buscar las llaves, y las tenía en el bolsillo del pantalón.

–Bueno, ¿y qué? ¿Es eso todo lo que tenía usted que decir? ¡Jesús qué criatura!

Y la madre se reía bajito. ¡Yo creo que lo sabía!

¡Al martirio!

Hemos estado de ejercicios espirituales toda la semana. No ha habido recreo, ni visitas, ni conversación. Casi no hemos levantado los ojos del suelo en ocho días.

Siempre en la capilla rezando, o escuchando al padre Valverde, que nos habla desde el púlpito.

Este padre es un fraile viejecito, muy sabio. Ha viajado mucho. Pero no vayáis a creer que ha ido a Rusia, o al Japón, o a París, como va todo el mundo, no. Él ha estado en el cielo, y en el infierno, y en otros sitios más lejos todavía.

Por eso le han mandado las madres venir, porque se ha fijado mucho y lo explica muy bien. Una tarde nos contó cómo era la caldera donde se cocían los malos y lo oscuro que estaba, y los condenados que rechinaban los dientes y los que arrastraban las cadenas...

De pronto sintió volar unas alas grandes, y era Luzbel que venía volando por encima de todos para ver si estaban bien cocidos...

¡Ay, qué miedo me dio a mí! Algunas niñas se reían. ¡Parecen tontas!

Otro día nos habló del Limbo, que es un sitio muy aburrido, lleno de niños sentados en fila, sin moverse, porque no están bautizados. Y luego del Purgatorio, que también es feo y hace mucho calor, y un barullo terrible, porque todos hablan a un tiempo...

Al fin nos contó cómo era el cielo. Fue el último día. ¡Qué bonito debe de ser! Nos dijo que había que subir primero siete escalones de plata...

Y allí, en el descansillo, están las almas que van a entrar, vestidas de blanco, esperando que las llamen.

Luego hay que subir otros siete escalones de oro y otros siete de diamantes, y siete rayos de luna y siete rayos de sol..., y no sé, porque es tan bonito, que lo confundo con el palacio de Aladino y tengo miedo de contarlo mal.

Allí arriba hay coros de ángeles cantando, y santos y mártires, todos vestidos de luz, y que son más que ángeles todavía.

Y, claro, he decidido irme al cielo, porque me gusta más que el colegio.

La madre San José, que siempre que hay función en la capilla dice: «¡Parecía que estábamos en el cielo!», ahora ya no dirá nada.

¡Dónde se va a comparar! ¿Cuándo ha visto ella en la capilla escaleras de rayos de sol y vestidos de luz? Pues nunca. No vale presumir.

Quien lo ha visto todo es el padre Valverde, y no se da importancia.

Yo le dije al bajar del púlpito:

–Padre, ¿qué tengo que hacer para ir al cielo?

Me bendijo, riéndose, y por la tarde nos contó lo buena que era Santa Teresa de pequeña, y que Santa Margarita ayunaba todos los días, y Santa Cristina quitaba el dinero a sus padres para dárselo a los pobres...

Carmencita se quedó llorando en un rincón.

–¿Por qué lloras?

–Porque quiero ser santa y no puedo...

–Hija, igual me pasa a mí. Mi papá y mi mamá son muy buenos y no me pegan... Las madres no me dejan ayunar, y a los pobres no les puedo dar nada porque no lo tengo... Una vez que les di las camisas de la madre Florinda ¡se armó una!...

–Pues yo quiero ir al cielo...

–¡Toma y yo también! Para ir al purgatorio o al infierno prefiero quedarme aquí.

Decidimos ser santas aunque las madres no quisieran, y desde el día siguiente empezamos a hacer una capilla en el jardín, como la hizo Santa Teresa con su hermano.

Precisamente había en un rincón muchos ladrillos, tierra, y hasta tejas. Amasamos la tierra con agua y fuimos poniendo unos ladrillos encima de otros.

En seguida llegó una madre, nos riñó mucho y mandó a Juanón que deshiciera lo que habíamos hecho.

–¿Es que se creen ustedes que están ahí esos materiales para jugar? Han costado mucho dinero y no podemos desperdiciarlos...

¡Así no es posible ser santas!

Entonces, Carmencita decidió que fuéramos mártires, y que se fastidiaran las madres.

–Nos escaparemos como Santa Teresa, para que los moros nos descabecen.

–Sí, pero ya no hay moros.

–¿Que no? ¡Anda, qué tonta! Están en África.

–¡Yo creía que los había matado a todos mi tío Rodrigo! ¿Y crees tú que nos querrán cortar la cabeza?

–En cuanto se lo digamos. ¡Ya verás! Gritaremos: «¡Viva Dios! ¡Viva la Virgen María!», y en seguida nos matarán.

No pude dormir por la noche pensándolo. ¡Vaya un daño que nos iban a hacer al cortarnos la cabeza! ¡Y Carmencita tenía una prisa!

–¿Cuándo nos vamos, di? ¿Cuándo nos vamos?

–Ya nos iremos. ¡No seas pesada! Mañana o pasado.

–Mira que África está muy lejos y vamos a tardar mucho.

–Bueno, no importa.

–Sí, ¡no importa, no importa! ¿Pues no sabes que luego iremos al cielo a subir por las escaleras de oro?

–Lo sé, lo sé...; pero antes nos cortarán la cabeza...

–¿Y qué? A Santa Margarita le quitaron la carne a tiras, y a Santa Cristina la frieron en una sartén de aceite y, mientras, estaba cantando.

–¿Tú lo crees?

–¡No lo voy a creer, si lo ha contado el padre Valverde!

–Oye, ¿y no dijo si cantaba porque no le dolía, o era para disimular?

–¡Qué tonta! Pero si a los mártires no les duele nada... ¿Cómo te lo voy a decir?

Todas las tardes, a la hora de la merienda, quería que nos fuéramos; pero nunca estaba la puerta abierta ni nos dejaban solas.

Ayer se acercó a mí Carmencita cuando estábamos en el recreo, y me dijo al oído:

–¡Vamos ahora, Celia!

–¿Adónde? –porque a mí casi se me había olvidado.

–A que nos corten la cabeza.

–Bueno... ¿Tú crees que si no somos mártires no iremos al cielo?

–Claro que no... Santas no podemos ser...

–¿Y no sería mejor quedarnos aquí? Yo estoy contenta en el colegio.

–¡Huy, qué niña! Me iré yo sola...

Y por no dejarla sola me fui con ella. ¿Qué iba a hacer? Salimos por la puertecilla del huerto a un sendero entre zarzas, que yo no había visto nunca.

Carmencita sacó el rosario de su bolsillo y nos pusimos a rezar para que se nos hiciera más corto el camino.

Aún no habíamos acabado el último diez, cuando salió Juanón detrás de una zarza con dos berzas muy grandes.

–¿Dónde vais?

–A África –contesté.

–¿Habéis *sorteao?* –y se reía como un bárbaro que es–. ¡Hala, hala, a casa sin rechistar!

–Juanón, si nos dejas ir te regalo mi rosario, y pedimos por ti cuando estemos en el cielo –dijo Carmencita.

–¡Hala, hala, a casa y dejarme a mí de tonterías!... ¿Por qué os escapabais? Ya lo diréis, ya, cuando *sus* lo pregunte la madre.

Nos hizo volver casi corriendo. ¡Y qué vergüenza luego para contarlo! Yo lloraba. Carmencita lo dijo todo...

Don Restituto se enfadó mucho, y nos ha prohibido ser mártires en toda nuestra vida.

¡Yo me he alegrado más!...

Los gatitos

Cuando se acabó la misa salí la última de la capilla, y vi a Lamparón haciéndome señas junto a la pila del agua bendita.

No le hice caso hasta que me tiró de la manga.

–Oye, tú, ¿qué hago de los gatos? –me dijo.

Como yo no sabía de qué gatos hablaba, le miré sin saber qué decir.

–¡No seas *pasmá!* Los gatos son los hijos de la *Rabona,* que tú me dijiste que no los tirara... Están en el *sobrao* y hay que darles de comer... Tú dirás lo que hago...

–¡Ah, sí! Pues bájalos al jardín y yo los recogeré.

La madre Bibiana vino corriendo a preguntar:

–¿De qué están hablando?

–Un servidor que preguntaba a la señorita si era suyo el pañuelo que me he encontrado –dijo Lamparón, ¡que es más listo!

–Entréguelo a la madre tornera y no pregunte a quien no debe...

Ya en clase se lo conté a las niñas.

–¿Sabéis? Tengo cuatro gatitos que iban a tirar y han

estado escondidos en el sobrado... Lamparón los va a traer al jardín.

–¿Y qué vas a hacer con ellos?

–Si me ayudáis, los podemos tener en los pupitres y guardar de nuestra comida para dársela...

–¡Sí, sí! –dijeron todas.

A la hora del recreo los encontramos en una espuerta, junto al pozo, tomando el sol.

¡Son más ricos! Todos negros con manchas blancas, y el hociquito rosa. ¡Y más juguetones!...

Los tapamos con un saco para que las madres no los vieran, y después tratamos de quiénes iban a ser las que los tuvieran en sus pupitres.

Todas hubieran querido, pero como los gatos no eran más que cuatro... Por eso echamos a chinas.

«Palomita blanca,
dime la verdad:
en ésta, en ésta,
o en ésta estará...»

Acertaron tres: María Luisa, Fifí y Margarita. Yo no di china, porque como los gatos eran míos tenía derecho a uno.

Al volver a entrar en clase llevábamos los gatitos en el delantal, y los metimos, sin que la madre los viera, en los pupitres.

¡Qué mono era el que yo tenía! Le daba con la pata a los ovillos, y arqueaba el lomo como si fuera un tigre.

Por que no se ahogara, no cerré el cajón, y sujeté la tapa con un carrete. De pronto asomó la cabecita, empujó y saltó de la mesa al suelo. La madre dio un grito.

–¿De dónde ha salido este gato?

Nosotras nos reíamos, y el gatito corrió a esconderse en un rincón. La madre Consuelo lo sacó a la galería.

–Nada de risas, ¿eh?, que estamos en clase. A ver, Celia, diga usted los ríos de España.

Todavía estaba en el Ebro, cuando ¡pum!, otro gato al suelo y corriendo por la clase...

–¡Dulce Jesús mío! ¿Pero por dónde ha vuelto a entrar? Indudablemente hay un agujero en la pared.

También lo echó a la galería, y cerró con llave.

Cuando volvía a sentarse, Fifí soltó el gatito de su pupitre, que salió corriendo como un loco.

–¡Otra vez ha entrado este bicho! ¡Esto parece milagroso! Miren ustedes si hay un agujero en la pared... ¡Cómo es posible!...

¡Qué risa, Dios mío! Casi nos poníamos malas de tanto reír... ¡Cómo corría la madre detrás del gatito hasta que pudo atraparlo!...

A éste lo encerró en el armario de los libros. Nos hizo callar a todas, y yo volví a empezar con el Ebro.

–El Ebro nace en las montañas de Reinosa, provincia de Santander. Pasa por...

¡Otro gatito corriendo por la clase y dando con la pata a un escarabajo! ¡Era morirse de risa el verlo!

La madre no se reía. Se puso pálida y lo miraba asustadísima. De pronto, dijo:

–¡Ya no hay duda! ¡Es el demonio! ¡Niñas, arrodíllense todas!...

Nos arrodillamos mientras la madre echaba sobre nosotras agua bendita, y sobre el gato, que soplaba con los pelos de punta...

«Asperges me, Domine, hissopo et mundabor: lavabis me, et super...»

Fifí se echó a reír, y ya nos reíamos todas sin podernos contener.

–Son cuatro gatitos, madre Consuelo –dijo Milagros–. Son de Celia y los tenía en el jardín.

Nos costó trabajo convencerla, porque la madre se empeñaba en que ella había visto a uno solo. Hasta que vio salir el del armario y encontró los dos que estaban en la galería no nos hizo caso.

Todas las madres vinieron a ver los gatitos, y estaban entusiasmadas con ellos...

Pero yo lo pagué todo, como siempre, y me quedé en casa cuando todas se fueron de paseo, a las cuatro, porque era jueves.

También las madres se fueron al coro a cantar los oficios. Y las hermanas legas, después de darme de merendar, se fueron también.

Me quedé aburrida, y para distraerme busqué a los gatitos, me los llevé a la cocina y repartí con ellos el chocola-

te y el pan. Luego nos asomamos a la ventana, y en seguida vinieron los chicos a vernos.

–¡Pero si es Celia! –decían, porque todos me conocen desde aquel día que jugué con ellos en la plaza de la iglesia–. ¡Anda! ¿y cómo tienes tantos gatos? ¿Les das chocolate? Danos también a nosotros...

–No tengo más... Ya os lo darán en vuestras casas...

–¿Conque se lo das a los gatos y no nos lo quieres dar a nosotros, que somos cristianos? ¡Mira qué caridad! Pues primero son las personas que los animales...

La puerta de la despensa estaba cerrada, pero en el vasar de la cocina encontré un barril de aceitunas y una caja de galletas.

Todo se lo di. Un puñadito de aceitunas y cuatro o cinco galletas a cada uno. No hubo para todos y se pegaron.

Los gatitos, empeñados en subirse al barril, tiraron el

caldo de las aceitunas, que se vertió desde la ventana, y se manchó el suelo de la cocina...

Cuando vinieron las legas se pusieron desesperadas. Una casi lloraba. ¡Es más rabiosa!

Las madres me regañaron mucho y no me dejaron explicarme.

–¡Pues Santa Cristina robaba a sus padres para dárselo a los pobres!

–¿Quién ha dicho eso? –dijo una madre.

–El padre Valverde, que la ha conocido en el cielo.

Don Restituto me ha llamado esta mañana en la capilla para decirme:

–Ya sé lo de los gatos, y lo de las aceitunas, y lo de Santa Cristina. Te prohibo ser santa, ¿sabes?... ¡Porque nos vas a condenar a todos!...

La princesa Leonor

Los gatitos han ido desapareciendo hasta que no ha quedado ninguno.

Los he buscado por todas partes, he preguntado a todo el mundo, y nadie sabe nada.

La hierba del jardín está tan alta y hay tantas flores, que pueden estar escondidos en cualquier parte sin que los veamos.

La mañana de un domingo bajé al huerto a buscar caracoles, porque después de llover había salido el sol.

Encontré muchos, y estaba yo muy ocupada diciendo:

«Caracol, col, col,
saca los cuernos al sol...
Que tu padre y tu madre
también los sacó».

Cuando sentí una cosa blanda y caliente que me rozaba una pierna. Era un gatito.

Lo fui a coger, y se escapó entre el umbral y la puerta que comunica con el jardín de la casa de al lado. Entonces me tumbé en el suelo para mirar por dónde se había ido, y le vi que se iba corriendo a un paseo de arena.

–¡Bis, bis, bis! ¡Minino!

¡Como si no! Se fue dando saltos con el rabo empinado y desapareció detrás de un banco de piedra.

Pero como yo sabía dónde estaba, busqué al jardinero.

–Ya sé dónde están los gatitos, Juanón.

–¿Dónde?

–En el jardín de al lado. Vete a buscarlos.

–Luego iré... Ahora es muy temprano y no se puede molestar. Son muy *empingorotás* esas gentes...

–¿Sí? ¿Quién vive ahí?

–Una señorita rusa o china..., no sé. Ayer ha venido un señor que es su hermano, y tiene un brazo de madera.

–¡Huy, qué cosa! ¿Cómo se llama?

–No sé. *¡Mia* que sois preguntonas! La señorita se llama Leonor; me lo ha dicho el chófer.

Me volví al huerto, y estuve mirando toda la mañana por debajo de la puerta para ver si volvían los gatitos. No los volví a ver. En cambio vi un pavo real que se paseaba muy hueco arrastrando la cola.

Eso de tener pavos reales no es natural. Yo nunca había visto ninguno más que pintados en los libros de cuentos.

Y es que el jardín de la casa de al lado no es como todos los jardines. ¡Olía más bien a rosas y a madreselvas!...

De pronto vi bajar por la escalinata de la puerta a una señora rubia, tan guapa como mi mamá, pero mucho más alta. Por eso decía Juanón que era tan empingorotada...

Llevaba en la frente una cosa que relucía mucho. Después vi que era una cinta dorada que se había puesto para que no le vinieran los pelos a la cara.

¿Sabéis a quién me recordó en seguida? A la princesa Leonor de «Los príncipes encantados».

Hasta que me di cuenta. ¡Era ella, Dios mío, era ella misma! Había crecido mucho; pero es que han pasado muchos años desde entonces...

Oí que me llamaban, y apareció Josefina.

–¡Celia! ¡Celia! ¿Dónde estás? ¿Pero qué haces tirada en el suelo? ¡Huy, qué niña! Toda la mañana te estamos buscando... Ven a comer.

–¡Chist! ¡Calla! ¿Sabes quién vive aquí al lado?

–¿Quién?

–La princesa Leonor. Vive con su hermano el pequeño... Aquel que se quedó con un brazo estropeado porque no le pudo acabar la túnica... Ahora lo lleva de madera...

–¿Qué dices?

–Hija, ¡pareces tonta! ¿No te acuerdas que la madrastra convirtió en cisnes a los once príncipes, y que su hermana Leonor tenía que tejer once túnicas de ortigas para desencantarlos y que no pudo acabar la última?...

–¡Anda! ¡Pero si los cuentos no son verdad!

–Eso creerás tú... Todo lo que está escrito en los libros es porque ha pasado... Yo he conocido a la Cenicienta...

–¿Dónde están ustedes? –vino diciendo la madre Loreto–. Ya están todas las niñas en el comedor...

Después de comer vino Milagros a preguntarme:

¿Es verdad que has visto a la princesa Leonor?

–Sí. ¿La quieres ver tú?

–¿Pero es ella? ¿Cómo lo sabes?

–Fíjate. Se llama Leonor, es una princesa, su hermano no tiene brazo, y ella se pone una cinta en la frente...

–Entonces, sí es...

Por la tarde, en el recreo, nos subimos a una escalera muy alta que tenía Juanón en la pared para arreglar las parras.

Desde allí vimos todo el jardín de la princesa. ¡Es pre-

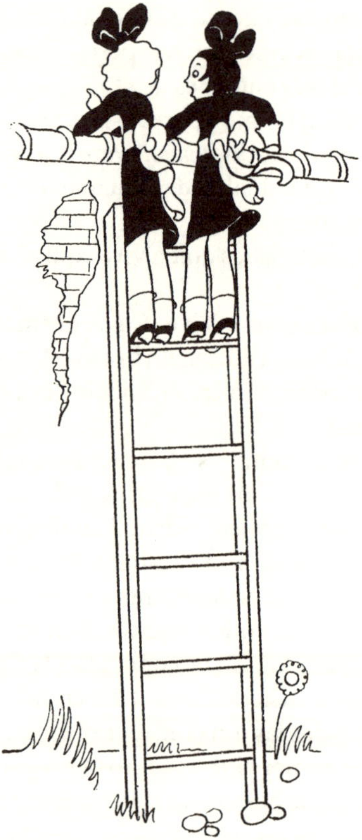

cioso! Hay praderas de margaritas y de campanillas azules. Hay tantas rosas abiertas en los rosales de los bordes, que no se ven las hojas.

La casa tiene muchos miradores y está casi cubierta de ramas, que llegan hasta el tejado.

También hay un estanque con una isla en medio. Y los pavos reales andan por los paseos.

–¡Mira la princesa Leonor! –grité al verla venir por un paseo hablando con un galgo alto, de lanas rubias.

–¡Llámala! –me dijo Milagros. Pero yo no me atrevía.

–¡Anda, llámala! ¿No te acuerdas que era muy buena?

–¡Princesa Leonor! –llamé bajito, y luego más fuerte–: ¡Princesa Leonor!

¡Qué vergüenza me dio al ver que nos miraba y venía hacia nosotras! ¡Tenía los ojos azules!

Me quise bajar de la escalera, pero Milagros no me dejó.

–*What do you want?* –nos preguntó debajo de nosotras.

–Nada... Era por si querías ortigas para acabar la túnica de tu hermano... Aquí hay muchas –le dije en inglés.

–¿Qué dices? –decía Milagros asombrada.

–*Nettles?* –me volvió a preguntar la princesa.

–Sí, ortigas... Nosotras lo sabemos todo... Lo hemos leído en «Los príncipes encantados»... Yo soy Celia, y ésta es Milagros...

–Pero, ¿cómo hablas? –me preguntaba Milagros, que es boba y no sabe nada.

–*Oh, yes! I am also very fond of Andersen.*

–Por eso te hemos conocido y sabemos que eres la princesa Leonor... ¿Y ese perro quién es? ¿No estará encantado?

–*No... You are funny. I leave tomorrow.*

–¿Te vas? ¡Qué lástima! Irás al país lejano de las golondrinas, donde vivías de pequeña. ¿O te vas con el hada Morgana?

–*Nearly.*

–¿Qué dice?

–Que se va muy lejos... ¡Si pudiera ir contigo, princesa Leonor!...

–¡Niñas! ¿Qué hacen ahí? –nos gritó desde abajo la madre Bibiana–. ¡Se van a caer! ¡Jesús! ¡Bajen, bajen ahora mismo!...

–¡Adiós, princesa! –y le echamos un beso, y ella también a nosotras con sus manos, tan blancas como las de la Virgen del altar.

–¿Con quién hablaban ustedes? –preguntó la madre.

–Con la princesa Leonor.

–¿Princesa?...

–Sí, con la princesa del cuento, que está ahí... Se va con el hada Morgana...

La madre me puso la mano en la frente.

–¡Usted tiene fiebre!... ¡Claro, se ha estado toda la mañana en el suelo, con la humedad que hace!...

–No, madre, no está mala –dijo Milagros–. Es verdad lo de la princesa, y Celia sabe hablar como ella...

No me valió, y he estado dos días en la enfermería.

Mientras, se ha ido la princesa, y los gatos no han parecido... El día que se marchó trajeron una caja de bombones con un letrero en la tapa, que decía: «Para Celia, de la princesa Leonor». Ahora ya me han creído las madres.

Las niñas me miran como si fuera yo algo raro:

–¡Conque tú sabes hablar como las hadas!...

Ayudar al prójimo

Desde que empezó el mes, todas las mañanas sacamos del cepillo, que está junto al altar de la Purísima, las *mortificaciones.*

Son unos papelitos enrollados que dicen: «Diez céntimos para la Virgen María», o «Rezarán una Salve a la Santísima Virgen», o «Hoy no comerás postre».

Y lo que corresponde a cada una tiene que hacerlo, porque estamos en el mes de mayo, que es el de la Virgen.

Yo he sacado tres días seguidos el de «No comerás postre», y ya estaba aburrida. ¡Ahora hay unas cerezas tan ricas!

El de ayer decía: «Hoy aprovecharás las ocasiones de servir a tu prójimo», y en todo el día no pensé en otra cosa. Pregunté:

–Madre, ¿una hermana lega es un prójimo?

–Naturalmente. Todos lo somos...

A la hora del recreo me fui a la cocina para ayudar a las legas en lo que pudiera.

–¿Qué tengo que hacer?

–¿Es una mortificación?

–¡Claro! ¿Cómo quieren que las ayude?

–Puedes ayudarnos secando los platos o trayendo los huevos del gallinero.

Me dieron una cestita y fui a buscarlos en los nidales. Había lo menos veinte...

Las gallinas estaban pegando a una pollita, y la defendí, aunque no estoy segura de que sea mi prójimo.

Al volver a la cocina me pareció que las legas estaban riñendo, y pregunté:

–¿Dónde los pongo? –pero no me contestaron, y siguieron diciendo no sé qué entre dientes.

–¿Dónde los pongo? –volví a preguntar, y ni me miraron siquiera.

–¿Que dónde los pongo?...

–Los tira usted al suelo, si le parece –dijo una, ¡que es más tonta!

Y, ¡claro!, los tiré y se hicieron una tortilla. Yo no tuve la culpa... Ni me la echaron.

La madre Isolina, que vino corriendo, las riñó, y a mí me llevó al oratorio de la mano.

Era la hora de las flores. Las cantamos todas juntas, y luego, Milagros, que chilla mucho, canta sola para que la oigan bien desde el cielo. Al final decimos la despedida, y repetimos muchas veces: «Adiós, adiós, adiós», pero es de mentirijillas. Ni nos vamos nosotras ni la Virgen tampoco.

Al revés. Nos quedamos en la capilla, porque el padre Restituto está preparando a las que van a tomar la primera comunión.

Ayer, después de las flores, me llamó la madre para decirme:

–Va usted a ir con la madre Consuelo y Carmencita a pedir la caridad de unas flores para adornar el altar de la Inmaculada. Vístase.

Me alegré, porque así tendría ocasión de servir al prójimo.

Y salimos las tres a recorrer los jardines del pueblo.

Por el camino nos encontramos a la señora Manuela, la asistenta que viene algunas veces a limpiar la iglesia.

–Véngase con nosotras –le dijo la madre–, así nos ayudará a traer las flores, y se quedará para hacer la limpieza de la capilla. La madre superiora pensaba llamarla.

La señora Manuela dijo que no podía, porque el borrico no era suyo y tenía que devolverlo a su dueño. Ella había venido al pueblo para vender unas lechugas.

Sin embargo, nos acompañó a casa del alcalde, y después a la del médico, y a la de una señora que tiene un jardín muy grande y nos dio muchas rosas.

A todas partes íbamos con el burro, que llevaba unas aguaderas vacías. Y a mí se me ocurrió de repente:

–Carmencita, hoy tengo que ayudar al prójimo.

–¿Y lo has hecho?

–Casi no, porque no encuentro a quién... Si llevara el burro de la señora Manuela a su dueño...

–Vivirá muy lejos.

–¿Y qué importa? Venías tú conmigo...

Lo hicimos así. Cuando entraron la madre y la asistenta en el jardín del señor cura dejamos las flores que llevábamos en las manos sobre el poyo de la puerta, nos metimos en las aguaderas y arreamos al burro...

–¿Pero tú sabes dónde vamos? –decía Carmencita.

–No, pero el burro lo sabrá.

Y lo sabía. Escapó a correr con un trote que nos revolvió las tripas, y a correr, a correr, a correr hasta que salimos del pueblo, a un camino que no tenía fin.

Entonces nos quisimos bajar, pero ya no podía ser,

porque yo sé cómo se echa a andar un burro, pero no sé cómo se hace para pararlo...

–¿Ves lo que nos pasa por ti? –decía Carmencita llorando–. Y luego no querías que nos fuéramos a África para que nos cortaran la cabeza...

–¡Hija, pues por eso no te apures!... A lo mejor el amo del borrico es un moro, o un judío, o un verdugo...

Corríamos, corríamos siempre con el mismo trote.

Acabé por ponerme contenta. Hacía tanto sol y el campo estaba tan verde... Me puse a cantar aquello de:

Al pasar el arroyo de Santa Clara,
¡ay, ay!, de Santa Clara...

De pronto, al final del camino vimos unas casas, y luego otras, y después muchas, todas juntas alrededor de una torre.

Era el pueblo del burro.

En seguida entramos por las calles y por la plaza, y

todos los chicos que nos encontrábamos se venían detrás.

Nosotras les sacábamos la lengua, pero como si no. Cuanto más burla les hacíamos, más corrían detrás de nosotros y más corría el burro.

Al fin llegamos a una puerta que estaba abierta, y el borrico se quiso meter por ella, pero no cabía con las aguaderas...

Y venga a empujar, y los chicos venga a reír, y nosotras a gritar... ¡Se armó un jaleo!... Hasta que salió un viejo muy feo a preguntar quiénes éramos y por qué nos metíamos en la cuadra de su casa.

Después conoció al burro, y le explicamos que la señora Manuela no podía venir porque tenía que limpiar la iglesia. El hombre decía:

–Pues me habéis *fastidiao,* porque ahora tengo que ir a llevaros... ¡Peste de chicas!

También decía otras cosas peores que no se pueden decir...

Salió una mujer, que nos hizo entrar en la casa y nos dio de merendar pan y chorizo, y unos vasos grandes de

vino, que estaba muy frío, y como teníamos mucha sed nos lo bebimos todo.

El hombre no hacía más que beber en una jarra, y la mujer se enfadaba mucho:

–¡Sí, bebe, bebe! Luego no vas a poder llevarlas...

Pero nos llevó en un caballo muy alto. Carmencita delante, él en medio y yo detrás, agarrada a su cintura.

No sé por qué íbamos muy contentas. Ya era de noche y salió la luna. El hombre cantaba, dando unas voces terribles:

Camino de Santiago
un mes de mayo me la encontré.
Llevaba zapato blanco, media de seda,
rubio el cabello, tan largo y bello,
que el alma en ello me la dejé.

Y nosotras cantábamos con él, y los tres reíamos como locos. Todos los perros salían a ladrarnos.

Cuando llegábamos al colegio, gritábamos todos a un tiempo:

«¡Madre Loreto! ¡Madre Loreto!», y nos daba una risa que casi nos caíamos.

Creo que las madres nos regañaron mucho, pero no me acuerdo bien. Tenía bastante que hacer aguantándome la gana de reír...

Después no podía dormirme de contenta que estaba, no sé por qué... Debía de ser por haber ayudado al prójimo...

¡Para eso me ha dicho la madre Loreto que cuando me salga una mortificación como la de ayer, que la cambie por la de no comer postre!

Fiesta grande

Hoy ha sido día de fiesta grande, porque han tomado la primera comunión las pequeñas. Desde el jueves estábamos de preparativos.

Ese día, en lugar de entrar en clase por la mañana, fuimos pasando una a una al cuarto de baño, donde nos esperaba una madre.

–¿Qué nos van a hacer? –le pregunté a una niña mayor que yo.

Cogernos los bigudíes para el día de la primera comunión. Después, en las fiestas de fin de curso, nos los volverán a poner.

Cuando salían las niñas del cuarto de baño llevaban en la cabeza lo menos veinte moñitos tirantes... Y los ojos los tenían como si hubieran llorado.

A mí no me tocó hasta por la tarde. Ya no había una madre sola en el cuarto de baño, sino tres, para acabar antes.

La madre Bibiana me hizo sentar delante de ella en una silla baja, y me cogió la cabeza con las manos, trasteándola como si no la tuviera pegada al cuello.

En seguida me mojó el pelo con una cosa que olía a vinagre, y luego me hizo rayas y más rayas con el peine, y fue envolviendo los bigudíes.

¡Qué tirones! Además, tenía frío en la cabeza y me dolía el cuello de tenerlo torcido.

–Me suena a hueco por dentro, madre.

–Porque tiene usted muy poco seso. Ya lo habíamos notado...

Ana María, que estaba con la madre Loreto, empezó a gritar que le tiraba un pelo...

Por la noche todas estábamos llenas de moñitos.

Lo peor fue al acostarnos. No sabíamos cómo poner la cabeza en la almohada, porque de todos modos nos hacíamos daño.

–Más sufrió Nuestro Señor Jesucristo por nosotros. Tengan paciencia y duérmanse pronto –decía la madre.

Sí, sí, cualquiera se dormía. Yo me acordaba de la corona de espinas, que sería mucho peor, y ni por esas...

Por la mañana, al levantarnos, había muchas niñas que tenían deshechos los bigudíes, y las madres tuvieron que volvérselos a hacer.

Los míos se me habían aplastado, y ya casi no me molestaban. A la noche siguiente dormí como si no los tuviera, porque ya estaba acostumbrada.

En los otros días, como no nos peinaban, los moñitos se fueron poniendo sin brillo y despeluchados... Había mucho que hacer y nadie se ocupaba de eso.

Las madres hacían flores de trapo para el altar, y preparaban los velos y las cofias. Nosotras acabábamos de bordar el manto azul de la Virgen, y todo el tiempo que sobraba lo pasábamos en la capilla.

Ayer por la tarde ya estaba todo dispuesto. Confesamos todas, pero primero las pequeñas. También les dieron de cenar antes que a nosotras. Luego se acostaron más temprano para no pecar.

Esta mañana nos hemos levantado muy pronto, muy pronto, casi a media noche. Y nos han quitado los bigudíes.

Esto ha sido terrible. Se nos ha quedado el pelo como a los negros, y todas hemos llorado de los tirones.

¡Yo que creía que eso de rizarnos el pelo era para estar guapas!

Las de primera comunión se han sujetado los pelos con la cofia, y sólo han dejado fuera algunos rizos. ¡Pero nosotras!...

–No se pongan vanidosas –ha dicho la madre–. Ya saben que no tienen el pelo así naturalmente.

Las pequeñas, vestidas de blanco, han oído la misa, después de comulgar, en la capilla. Nosotras en el coro, cantando.

Después que se ha acabado todo hemos bajado al comedor, y nos han servido el chocolate con bollos y pan tostado con mantequilla.

¡Qué bien nos hemos desayunado! Sólo Anitina, que estaba junto a mí, no comía.

–¿Qué te pasa, boba?

–Que estoy en pecado mortal... No sé cómo no me he muerto cuando he comulgado...

–¿Qué has hecho?

–Anoche nos dijeron que ya no podíamos comer nada después de la cena... Pues yo me comí un caramelo...

–¿Por qué no te has reconciliado esta mañana?

–Porque me daba vergüenza...

–¡Tonta! Díselo al padre.

–¡Si ya no tiene remedio!

Yo pedí permiso para hablar con el padre Restituto, y fuimos las dos.

–¡Es un caso de conciencia, madre!

Anitina, llorando, se lo dijo al oído al señor cura.

Don Restituto sacó dos caramelos del bolsillo y nos los dio.

–A ti, Anitina, de penitencia, y a ti, Celia, por abogada de pobres.

Luego nos llamaron del salón de visitas. Habían venido las mamás de todas las niñas, y también papá.

–¡Pero, hija! ¡Si pareces un perro de lanas con esa cabeza! ¿Por qué te han puesto así el pelo? –me dijo.

–Porque a Jesucristo le pusieron una corona de espinas...

–Por eso no habrá sido... ¡Válgame Dios, qué pobres señoras éstas! ¡Más vale que no haya venido tu madre!...

–¿Me vas a llevar contigo, papaíto? Todas las niñas van a pasar el día a su casa...

–Es imposible llevarte, hija. No tenemos casa ya... Estamos desde ayer en un hotel.

–¿Por qué?

–Porque nos vamos de España.

–¿Y yo, papaíto, y yo?

–Tú te quedas aún aquí. Por ahora estás bien, y vendremos a buscarte muy pronto...

Yo me puse a llorar, y papá se enfadó... Entonces se acercó a nosotros la mamá de Fifí y Anitina, y le dijo a papá que me dejara ir a pasar el día a su casa con sus hijas.

Por eso he pasado el día con ellas. ¡Lo que me he divertido! Ha sido lástima que a última hora se enfadara la mamá conmigo...

Viven en una casa muy grande del pueblo. Había muchos invitados, que todos eran tíos, o primos, o hermanos de Fifí y Anitina.

Hemos jugado al corro en el jardín, y a las prendas, y nos hemos columpiado... Jugando al escondite hemos recorrido toda la casa, y hasta el granero y las cuadras... Una vez me escondí en el cenador...

Por eso se enfadó la mamá de Anitina. Estaba yo escondida, cuando entraron dos señoras. Una decía:

–Mi cuñada se puso los pantalones de su marido el día de la boda y aún no se los ha quitado.

¡Casi me muero de risa!

Cuando vino Anitina a cogerme, le pregunté:

–¿Quién es la cuñada de esta señora?

–Mi mamá... Papá es su hermano...

–Pues dice que tu mamá lleva unos pantalones de tu papá debajo del vestido...

–¡Huy, qué embustera!

–Puede que sea verdad... Ya ves, don Restituto lleva pantalones debajo de la sotana...

–¿Y qué? Pero mi mamá, no.

–¿Y por qué lleva entonces las faldas tan largas?

Anitina se lo dijo a su hermana, y las tres nos estuvimos riendo mucho, porque creíamos que no era pecado.

Cuando nos llamaron para merendar, la madre me dijo muy seria:

–Yo creía que una niña de buena familia como tú, y que ha comulgado esta mañana como una santa, no era capaz de decir palabras feas y de ser una desagradecida.

Me puse a llorar... ¡De todo tenía la culpa papá por no haberme llevado con él!

–¡No he dicho nada!

–Sí has dicho. ¿Por qué sabes que yo llevo los pantalones de mi marido?

–¡Si yo no sé nada! Lo ha dicho la señora del cenador...

¿Creéis que me enseñó los pantalones? Pues no. Llamó a la señora del cenador, y le dijo unas cosas, que la otra se fue gritando y diciendo que yo era una chismosa...

En cambio, conmigo ya no se enfadó más. Me dijo que no hablara de eso porque era pecado, y me dio bombones. Al anochecido nos trajo al colegio a sus hijas y a mí.

De los pantalones no volvió a decir nada. Lo mismo que don Restituto. No se puede hablar de eso.

La cigüeña

¡Qué aburridas son las tardes! En las clases de la mañana siempre lo paso bien, porque resulta que lo sé todo.

Soy la primera en Geografía, Historia Sagrada y Aritmética. Como que algunas veces les doy yo la lección a las pequeñas. Y hasta las mayores quieren que les apunte bajito cuando la madre les pregunta.

¡Y casi no estudio! Es que lo sabía todo de antes... No sé cuándo lo habré aprendido, pero todo lo que me enseñan me parece que lo sé hace miles de años...

En cambio, por las tardes... ¡Toda la tarde la pasamos cosiendo!... La madre Mercedes, que da la clase de costura, nos llama una a una para ver cómo va la labor... ¡Y yo paso unos sustos!

¡Es que es muy difícil coser!

Todo el invierno he estado cosiendo en un trapo costuras y vainicas, no sé para qué... Se puso tan sucio, tan sucio, que lo tiraron sin que lo acabara...

Después me dieron un pañito cuadrado. La madre le sacó los hilos, pero a mí me mandaron hacer las vainicas...

¡Y me ha costado cada disgusto! Siempre me salían

grandes las puntadas, y tenía que descoser con la punta de la aguja, que rompía los hilos y los convertía en un calado. Luego, para arreglarlo, le daba saliva, ¡y se ponía más cochino!...

–¡Pero qué manos de trapo tiene usted! –me dice la madre Mercedes–. ¡Es usted un chicazo!...

Ahora es peor. Todas están haciendo labores preciosas para la exposición de fin de curso, y yo tengo que hacer una almohadilla de raso bordada.

–¡Si no sé, madre, si no sé!

La madre me ha puesto a su lado, y me ayuda tanto, que casi lo hace ella. Pero me duele el pecho y la cabeza de estar toda la tarde sobre el bastidor. De repente, no puedo más, digo a gritos:

–¡Ay, Dios mío, qué aburrida estoy! ¡Ya no tengo más gana de coser!

Y todas las niñas se ríen, y arman tal jaleo, que la madre me pone un ratito de rodillas en el pasillo.

Hasta que me canso también de estar allí, y me asomo a la puerta de la clase para decir:

–¡Hermanas mías, perdonadme el escándalo que he dado!

Como lo digo abriendo y cerrando los brazos, como en los teatros, todas se ríen, y se arma otra vez el jaleo...

Así se va pasando la tarde, hasta la hora de merendar y de salir al jardín...

La madre Mercedes dijo que, para no aburrirse en clase y que el diablo no nos tentara, debíamos decir jaculatorias. Fue sólo una tarde, pero ¡qué divertido!

De pronto salió María Luisa diciendo: «Jesús, José y María, os doy el corazón y el alma mía», y aún no había acabado, cuando Fifí gritaba: «Dulce corazón de María, sed mi salvación», y luego otra, y otra, y otra...

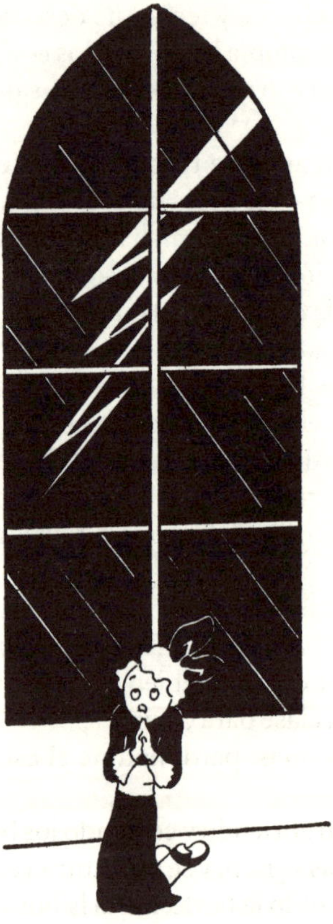

Yo dije más de cuarenta jaculatorias, y hubiera dicho más, porque sé muchas; pero vi que la madre Mercedes se tapaba la cara con las manos de desesperada que estaba...

–¡Es horrible ver su falta de fervor, y que hasta las cosas santas le sirven de juego!...

Por eso no hemos vuelto a decir más jaculatorias, y las tardes volvieron a ser igual de aburridas.

Además, la almohadilla de raso se me ensució a los tres días de coser en ella. Yo no tengo la culpa, porque casi no he hecho nada... Al principio daba alguna puntada, pero la tenía que quitar en seguida y disimular el agujero mojándolo con la lengua, para que la madre no me riñera...

–¡Pero usted está dejada de la mano de Dios! –me ha dicho la madre Mercedes.

–¿Sí? ¿Y las otras niñas, no están dejadas?

–¡No diga simplezas! ¿No le da vergüenza ver todas las labores que hacen sus compañeras con la ayuda de Dios?

No me da ni pizca. ¡Si Él me ayudara, también yo las haría! ¡Vaya una gracia!

Un día que la madre Mercedes estaba mala, vino en su lugar la madre Loreto, que también está dejada de la mano de Dios y no sabe coser, y fue Josefina la que vio las labores.

Como yo le hago todos los días el problema de Aritmética, ella me bordó una flor. Angelines nos estaba mirando.

–¿No se lo dirás a la madre?

–Es una acusona y se lo dirá –dijo Josefina.

–¡Que no lo digo! Si te acuso, que me caiga un rayo...

¡Vaya un susto que pasé ayer tarde, con la tempestad! Porque le faltó tiempo para acusarnos en cuanto vio a la madre Mercedes, y yo estaba viendo que le iba a caer un rayo...

Me había puesto de rodillas en el pasillo, y por la ventana veía llover en el jardín y caer piedrecitas contra los cristales. Estaba muy oscuro, y en el cielo andaban los rayos de un lado para otro... Todo el pasillo se iluminaba...

–¡Anda, que la pobre Angelines vaya un miedo que tendrá!

Me puse a rezar padrenuestros muy de prisa, muy deprisa, para que Dios la perdonara... Y de pronto vi una cosa blanca muy grande que caía entre el granizo, como un ángel que bajara del cielo...

–¡Madre Mercedes!, ¡madre Mercedes! ¡Ha bajado una cosa del cielo y está en el jardín!...

Salieron todas a mirar por las ventanas, pero no se veía nada.

–Tú tienes la culpa –le dije a Angelines sin que me oyeran.

–¿Yo?

–Sí, tú, tú, que eres una acusona... Dijiste que te cayera un rayo si lo decías, y ha caído una nube entera. Y eso que he estado yo rezando toda la tarde...

Dejó de llover y salió el sol. Todos los árboles relucían como si los hubieran lavado. Pero no nos dejaron salir, porque dijo la madre que había mucho barro fuera.

Salió ella sola para ver lo que había caído. Nosotras la esperábamos en la galería, mirando por las ventanas.

Cuando volvió traía un pájaro muy grande, que aleteaba. Era una cigüeña. ¡Más bonita!... Toda blanca, con las patas coloradas y el pico larguísimo...

Tenía sangre en un ala. Dijo la madre que se la rompería el granizo, y que al caer al jardín se había roto una pata.

Ninguna se atrevía a acercarse a ella. Yo sola ayudé a la madre Mercedes a entablillarle la pata con dos palitos y a curarle el ala. ¡Me dio un picotazo!

Pero no lo dije hasta después. Antes busqué un cesto con paja para meterla, y unos pedacitos de carne por si tenía apetito.

Las legas no me los querían dar, porque ellas no quieren más que a los gatos. ¡Claro! ¡Como les limpian la vajilla! Se lo dije, y se enfadaron mucho.

–¡Tontas! ¡Nunca os traerá la cigüeña un niño!

¡Aún se enfadaron más!

–¡Bueno, bueno! Dadme la carne, que lo ha mandado la madre Mercedes.

La cigüeña se quedó acostada en su cesto en un rincón de la galería, y ya volvíamos al comedor, cuando me miró la madre con los ojos muy abiertos.

–¿Qué se ha hecho usted en ese dedo?

–Me ha picado la cigüeña...

–¡Jesús! ¡Qué horror! ¡Si casi se lo ha roto!

¡Cómo me dolía!... ¡Huy, cómo me dolía!

También a mí tuvieron que vendarme y ponerme muchos algodones y gasas...

–¡Vaya, no llore! –decía la madre–. ¡Tan valiente antes y tan cobarde ahora! También a la cigüeña le dolía, y por eso la ha picado...

–Ya lo sé... No le guardo rencor...

–¡Qué rencor le va usted a guardar, hija, si gracias a ella no podrá usted coser!...

¡Cómo quiero a mi cigüeñita! Ya le he puesto nombre. Se llama *Culiculá*.

Ensayando

Todavía tengo el dedo malo, y me lo curan con agua oxigenada y algodones y gasas.

Por eso cuando la madre Corazón de Jesús eligió a las que iban a tomar parte en la comedia, le dijo la madre Mercedes:

–Llévese su caridad a Celia. Así como así, no hace nada de provecho, y sólo sirve para revolver la clase.

También Josefina, y María Luz, y Rosita vinieron conmigo. Ellas ya saben eso de hacer comedias, porque en Navidad representaron una antes de las vacaciones.

–Lo primero es buscar papeles blancos y lápices –me dijeron.

Yo no encontraba papeles blancos, porque los que tengo están llenos de borrones, y tuve que buscarlos en el despacho.

La madre nos esperaba en el refectorio, y nos hizo copiar lo que ella iba dictando en un cuaderno. Cada una copiaba una cosa distinta.

Yo escribí lo que dice Blas, que es un hombre muy

malo, que siempre está renegando de que haya ricos y pobres, y dice que hay que repartir el dinero.

Todo lo que copiamos hemos tenido que aprenderlo de memoria y decirlo cuando nos toca.

Y para saber el momento en que hay que hablar hemos escrito el *pie* antes de lo que nos corresponde decir. Eso del *pie* es la última palabra que dice la que habla antes. ¡Y se arma cada lío!

Una vez, cuando Carmencita dice *madre,* tengo yo que decir:

«Tú faltabas, trovador,
para excitar más el encono;
no puede ser, no perdono
la injusticia y el abandono
con que el mundo nos subyuga.
Si hubiera una criatura
que a redimirnos viniera
por ella la vida diera.
¡Mas no es verdad, que es mentira!».

Pero como Carmencita dice *madre* varias veces, yo empiezo a decir lo mío cuando no me toca aún.

¡La madre Corazón de Jesús se enfada más! Y eso no es *nada* para lo que se ha enfadado cuando ha visto que he copiado lo que dice Blas en el respaldo de una escritura...

–¿Es que no se ha dado usted cuenta de la importancia de este papel? ¿De dónde lo ha cogido?

–Del escritorio...

¡Jesús mío, qué atrevimiento! ¡Y toda la comunidad haciendo rogativas a San Antonio para que apareciera!... ¿No ha visto usted que era una escritura?

–Sí lo he visto..., pero como todas las escrituras que yo hago las tiran al cesto de los papeles...

–¿Y qué tiene que ver eso?... ¡Es usted una niña insoportable!

Todas las madres han hecho muchos aspavientos cuando han visto el papel, y me han mirado muy serias... Se conoce que lo había escrito la madre superiora y no querían que se estropeara...

Después me lo han copiado en papel blanco y no me han vuelto a decir nada. Se les ha olvidado. ¡Como trabajo tan bien!...

He aprendido en seguida cómo hay que hacer mientras se dicen los versos. Primero levanto el brazo derecho, después el izquierdo, y luego los dos a un tiempo... Otra vez el brazo derecho, otra vez el izquierdo, y otra vez los dos..., y así siempre.

Además, doy muchas voces y me pongo muy fea, para que vean que soy muy mala.

Porque yo soy un pescador que se llama Blas, y Rosita es mi hermana, que es muy buena, y enciende una luz a la Virgen cuando voy de pesca. Yo la apago, porque no me gusta que haya luz en la puerta..., o no sé por qué.

Siempre estoy diciendo que todo el mundo es muy malo, menos yo, y que hay que repartirlo todo.

–¿Sabes que Blas tiene razón? Eso de repartirlo todo me gusta mucho. También yo reparto los bombones... Fíjate cuántas cosas bonitas nos darían a nosotras...

–¡Calla! –me ha dicho Josefina asustada–. Eso no se puede decir. Es un pecado muy grande. Ya ves, a mi hermano lo echó mi papá de casa por decir eso mismo. Porque los que dicen esas cosas se llaman un nombre que se me ha olvidado.

–¿Era malo tu hermano?

Él decía que era muy bueno y que quería a todo el mundo, hasta al carbonero...

–¿Aunque está tan sucio?

–Por eso precisamente le quería...

–¡Qué cosas!

También estamos ensayando otra función que se llama *Dolorcitas*. Dolorcitas soy yo, y como soy muy mala, me han metido en el cuarto de las ratas. La madre ha dicho:

–Como tiene costumbre de estar castigada todos los días, lo hará mejor que ninguna.

Una vez dentro del cuarto, las ratas vienen cogidas de las manos y moviendo a compás la cabeza. Primero a la derecha y luego a la izquierda. Y dicen cantando:

Ya venimos, Dolorcitas,
con las alas del amor,
a traerte cariñosas,
la indulgencia y el perdón.

Todas son muy buenas, menos yo, como ocurre siempre, y no les hago caso, sino que me escondo y me escapo diciendo:

«Con sigilo me iré
y nadie me verá.
Del colegio saldré
a la orilla del mar».

Pero me voy sola, porque Sigilo no es nadie. No sé dónde me iré el día de la función, porque aquí no hay mar. Ahora me siento en una silla mientras me buscan.

Nos están haciendo vestidos a todas. El mío es el más feo. Son dos mangas que me ponen en las piernas, prendidas al vestido, y una blusa muy larga con un cinturón. Así soy Blas.

Para ser Dolorcitas no necesito quitarme el uniforme del colegio. Todas las que hacen de hombres llevan levita, y otras, faldas hasta el suelo y un moño muy grande.

Yo creo que también podría trabajar *Culiculá,* que es la cigüeña, y se ha vuelto muy mansita. Podíamos sacarla atada de una pata; pero la madre dice que no tiene papel...

¡Qué tontería! ¡Para qué iba a querer el papel la cigüeña!...

Con esto ya se ha acabado la clase de costura para mí. La almohadilla de raso me la está haciendo la madre Mercedes, y va a ser la labor más bonita de la exposición. Sólo las mayores cosen un rato.

¡Cuánto me hubiera gustado que el día de la función, que será el del santo de la madre superiora, hubieran venido a verme papá y mamá!... ¡Pero no quieren!

–¡Anda, papá, rico, ven a verme y verás qué bien lo hago!

–¡Qué has de hacer!... Yo no sé quién te ha metido en esas bobadas.

–¡Pues la madre! Como soy la más alta de la clase, hago de Blas.

–¿Quién es Blas?

–Pues un hombre que es así..., no sé cómo, ¿sabes? Es que no quiere que haya luz en su puerta...

–Un maniático.

–Pero quiere a todo el mundo, hasta al carbonero, porque está sucio... No sé cómo se llama eso...

–Hija, pues, por las señas, eso se llama ser un santo...

–¡Huy! No lo creas... Luego se le aparece la Virgen y le salva de que se ahogue.

–¡Menos mal!... Nosotros no podemos venir, pero vendrá el tío Rodrigo y traerá a Maimón, el morito... Ya te mandaremos dulces y flores como a las actrices... ¡Procura no hacer demasiado el ridículo!

La función

Creíamos que no iba a llegar nunca el santo de la madre, aunque decían en todos los ensayos: «Ya faltan ocho días.» «Sólo nos quedan cuatro.» «Es el miércoles...»

Cuando dijeron: «La función es mañana», nos echamos a temblar, y a todas se nos olvidó el papel de repente.

El último día ensayamos en el escenario, que lo habían puesto en el salón grande, con las decoraciones recién pintadas por la madre Isolina. ¡Eran preciosas!

El cielo azul, con estrellas, como si fuera de verdad, y el mar, con olas que subían y bajaban... La casita del pescador era tan pequeña, que teníamos que entrar agachándonos, y aunque desde fuera parecía que no iba a caber ni una niña, entrábamos treinta... Claro que salíamos por detrás.

El día de la función nos vistieron con los trajes de la comedia desde media mañana. ¡Había que vestir a tantas!

Yo estaba hecha una facha, con la blusa larga y las bocas de los pantalones prendidas al vestido. Además, me pegaron con goma barbas y bigotes, y me tiraban tanto de la piel, que no podía dejar de hacer guiños. Todas se reían de mí.

Así comimos y jugamos, y al llegar la tarde, a mí se me había caído media barba, a Carmencita se le había roto el vestido, y María Luz había perdido el cuello planchado y la corbata de seda.

Las madres y las antiguas alumnas, que son unas señoritas mayores, cosían los descosidos, prendían imperdibles donde hacía falta y componían lo que habíamos descompuesto. La barba me la pegaron veinte veces, y ya me escocía la cara de tanto pringue.

De repente, Finita se echó a llorar, porque se le había olvidado el papel.

–¡Ay, madre, que no me acuerdo de nada! ¡Que yo no salgo al escenario, que me da mucha vergüenza!

–¿Pero qué dice usted? ¿Está usted loca? ¿No ve que ya está el salón lleno de gente?

Después empezó a gritar María Luz que a ella también se le había olvidado. Y luego Josefina...

De pronto me di cuenta de que ¡tampoco yo me acordaba de nada! Empecé a pensar aquello de «Que no es verdad, que es mentira», y no podía salir de allí...

¡Dios mío, qué apuro! ¿Y ahora qué hacía yo?

–¡Se me ha olvidado todo, madre!

–¡También a usted! ¡Válgame Dios! Eso es nervioso y no tiene importancia. Lea constantemente el papel, que aún falta media hora...

Todas leíamos a voces nuestro papel por los pasillos, y yo, porque no me aturdieran, me fui al escenario. Oía hablar a la gente, y miré a la sala por el agujerito del telón. ¿Habría venido alguien de mi casa?

Allí estaba Maimón, el morito criado de mi tío, mirando a todas partes con los ojos muy abiertos.

Todas las niñas quisieron verlo, y también algunas madres.

–¿Es un moro de verdad, de verdad, como los de África? –me preguntó Josefina.

–¿Sabe usted si es cristiano? –me dijo una madre.

–No sé...

–Si no lo es, será de gran beneficio para su alma asistir a la recreación de esta tarde... Ya verá usted la impresión que le produce el milagro de la Santísima Virgen y la conversión de Blas...

Antes de empezar, pasamos a la capilla a rezar una oración que había inventado la madre para ese día. ¡Qué diría Nuestro Señor al vernos convertidas en adefesios! ¡Vaya una vergüenza que me dio! Me parece que San Francisco se estaba riendo bajito...

En seguida volvimos al escenario y, sin descorrer el telón, salió Susana, que es la más pequeña, a decir unos versos que empiezan así:

«Aunque soy tan pequeñita
y tengo tan poca voz,
nadie me gana a decir:
¡viva la madre de Dios!».

Aplaudieron mucho, y Susana entró asustada; pero la hicieron volver a salir para saludar, cogiéndose la falda con las manos.

Entonces se descorrió el telón, y todas las que estaban vestidas de pescadoras cantaron a un tiempo, mientras una madre tocaba el piano. Yo me escondí detrás del telón de fondo, para cantar también sin que me vieran con las barbas, porque así me lo dijo la madre.

Lo que cantaban era una cosa que ninguna entendemos, y cuando estamos solas lo cantamos de otro modo más bonito. Teníamos que decir:

«Recuerdos sagrados,
memorias benditas,
que arriba en el cielo
quedaron escritas».

Pero yo, creyendo que no me oían entre todas, canté:

Corderos asados
con patatas fritas,
guisaba mi abuelo
en una marmita.

Algunas cantaron lo que yo, y todas se equivocaron. La madre me cogió de un brazo y me sacó de allí.

–¡Es usted incorregible! No hay un solo día que no nos dé un disgusto...

¡Cómo exageraban!

Al fin, las que cantaban concluyeron como Dios quiso, y empezó la comedia de *Santa Inés,* en la que yo no salía.

Dicen que estuvo muy bien. No pasó más sino que Rosarito, que hacía de Santa y bajaba por una escalera cantando y mirando al cielo, con una estrella en la frente («¡Presumida!», le dije), tropezó, cuando iba dándose tono, y rodó por las escaleras.

Se levantaron los que estaban en la sala, salieron las madres al escenario y hubo que bajar el telón sin acabar la comedia.

Me echaron a mí la culpa.

–¡Se está usted portando en este día!... –me dijeron.

Después cantaron otra vez, y empezó lo de *Dolorcitas,* en que yo tampoco salía, porque daba mucha guerra en los ensayos, y le dieron el papel a otra niña.

Ni siquiera sé lo que pasó en esta comedia, porque me hicieron irme al dormitorio para que no molestara.

Lo último de todo fue *El pescador.* Ya todo el mundo estaba aburrido, porque eran las ocho y habíamos empezado a las tres. A Maimón se le abría una boca como si se fuera a tragar a alguien.

Salimos Carmencita y yo, empezamos a decir los versos moviendo una mano y otra, y las dos a un tiempo. Lo hacíamos muy bien; pero, de repente, Carmencita se calló y me dio con el pie:

–Te toca a ti...

–No me toca a mí... Tienes que decir aún lo de:

«Hermano, si tienes fe,
la Virgen te guardará».

–Mentira. Eso lo tengo que decir luego, cuando tú me digas:

«Es de gentes ignorantes
creer en supersticiones...».

–No; te digo que lo tienes que decir ahora.

–Pues no lo digo, ¡ea!, porque no es así...

La gente se reía mucho, y una madre, enfadadísima, echó el telón para reñirnos.

Otra vez empezamos la comedia, y la dijimos de corrido, sin equivocarnos nada. Yo, que era Blas, estaba furioso, maldecía de todo y me embarcaba, oyendo los truenos y viendo los relámpagos. Después pedía socorro desde dentro, porque me estaba ahogando, y asomaba la cabeza entre las olas.

Con tanto trajín se me iba despegando el bigote por el centro, y sólo tenía pegadas las puntas. Esto me daba mucho que hacer y casi no podía hablar.

Se iluminó todo y salió la Virgen, que era María Luz, diciendo unas cosas muy bonitas. Me alargó la mano para sacarme del mar, y yo hice tantos gestos, que el bigote se me montó encima de la nariz.

Todo el mundo soltó la carcajada. Maimón, de pie en una silla, se reía como un loco, y parecía un demonio con el mechón de pelo revuelto... ¡Hasta la Virgen se reía y no podía continuar! Entonces el morito se entusiasmó tanto, que me tiró una caja de bombones que traía para regalarme.

Me dio tan fuerte que me caí, la caja se rompió y los bombones rodaron por todas partes... Salieron las niñas a recogerlos, bajaron el telón y allí se acabó todo.

–¡Ha deslucido usted la representación! –decía la madre, muy enfadada–. ¡Tiene usted el demonio en el cuerpo! ¡Quítese de mi vista!

Tanto me dijo, que acabé por llorar. Cuando salí a ver a Maimón, aún no podía hablar de pena...

–¿Qué *sucieder ti?* –me dijo.

–Que me han dicho que yo he estropeado la función, y están furiosas conmigo...

–*¡Mintira!* Tú estropear no... Tú hacer bien *tudo, tudo.* ¡Pegar ellas, no!

–No, tonto, si no me pegan...

–¡Tú, Celia, *bunita!*... ¡Malas ellas, mamarrachos ellas, borrachas ellas!...

¡Pobre Maimón! ¡Tuvieron que echarle!

Los exámenes

La madre Consuelo tiene la manía de que nos aprendamos todos los parentescos de los reyes.

–A ver, diga quién fue la madre del Emperador Carlos V.

–La reina doña Juana.

–¿Y su abuela? ¿Y su hermano?

¡Es terrible! ¿Cómo me voy a aprender yo tantas cosas? Prefiero hacer un problema de dividir o analizar una oración compuesta mejor que averiguar los parentescos.

A casa venía una señora que decía que era pariente de mamá, y nunca pude aprender lo que era, aunque me lo explicó veinte veces.

Es como las fiestas del año.

–¿Cuántas son las témporas? Diga usted en qué época del año es Adviento.

–¡Dios mío! Pero ¿para qué hace falta saber esto?

Y no soy yo sola la que no puedo aprenderlo, sino casi todas las de la clase.

Por eso la madre Consuelo, después de perder la esperanza de que lo aprendamos, nos explicó en la misma mañana del examen lo que teníamos que hacer para saber contestar cuando la madre superiora nos preguntara.

–Como se han de reunir ustedes en grupos de diez, siempre las mismas, y por el mismo orden, contestarán empezando por la primera, que es la última de la izquierda. Usted, Rosalía, cuando la madre superiora le haga la pregunta que siempre hace: «¿Quién fue la madre de Carlos V?», dirá: «Doña Juana». Y usted, Carmencita, contestará a lo que le pregunten: «Don Felipe». Y luego, siguiendo siempre el orden de preguntas que se hace todos los años, le tocará a usted, Josefina, decir: «Doña Isabel», a usted, «Don Enrique»..., y «Don Juan», a usted...

Ensayamos el papel con la madre Consuelo, y salió muy bien.

Precisamente el día del examen vinieron a despedirse de mí papá y mamá, y trajeron a Baby, con el ama y doña Benita.

Todo el colegio estaba de fiesta. A nosotras nos habían puesto los cuellos planchados, la corbata azul y el pelo como a los negros.

–¡Pero qué alta estás, hija mía! ¡Y qué mujercita me pareces! –decía mamá.

–¿No te lo decía yo? Ha cambiado mucho...

–Sí, pero sigue igual de loca... ¿No oíste a Maimón lo que nos contó de la fiesta?

–¡Mujer! ¿Vas a hacer caso de ese chico?

Doña Benita traía, en una cesta, una paloma blanca, adornada con lazos encarnados. ¡Qué bonita era!

–¿Es para mí?

–Para ti. Como te has hecho actriz...

–¡Qué bien! También tengo una cigüeña...

–¿Una cigüeña? No, hija, será un pato...

–Puede ser..., porque aquí nada es lo que parece.

–¡Ay, Dios mío! ¡Y decías que había cambiado! Sigue tan absurda como siempre... –dijo mamá.

Vinieron las madres al salón de visitas y estuvieron hablando con papá y mamá, y acariciándome a mí, como si no me hubieran visto nunca. «¡Pobrecita! ¡Pobrecita!», decían.

¡Qué cariñosas! No parecían las de todos los días. ¡Hasta tenían otra cara!

En seguida pasamos al otro salón, porque iban a empezar los exámenes. Ya estaban en la mesa la madre superiora, don Restituto, una madre que había venido de fuera y un señor que yo no conocía.

¡Qué miedo! ¿Qué nos iban a preguntar?

Menos mal que en los bancos que había para el público sólo se sentaron papá y mamá. No había venido nadie, porque era temprano, y hasta por la tarde no vendrían a buscar a todas las niñas. ¡Sólo yo me quedo en el colegio todo el verano!

Empezaron examinando a las pequeñitas, que debían

de tenerlo todo ensayado, porque contestaron muy bien. Una se asustó mucho y se puso a llorar.

Después nos examinamos nosotras de Aritmética, en grupos de diez. A mí me mandaron hacer un problema, y lo hice tan bien, que me aplaudieron las niñas.

En Gramática, expliqué lo que son oraciones de activa, y vi que papá me hacía señas, muy complacido.

La madre, tan pronto empezaba a examinar por la primera de la izquierda como por la última de la derecha. ¡Ay Dios mío, lo que iba a pasar cuando llegáramos a los parentescos!...

En Historia Natural me preguntaron lo que es una ballena.

–La ballena es un mamífero sin dientes, pero con placas delgadas y macizas, de sustancia córnea, que le sirven de red para la pesca de sardinas y peces pequeños. Tiene la garganta muy pequeña y estrecho el conducto que llega al estómago.

Todo esto lo dije sin respirar y de un solo tirón. Después miré a papá, que se reía y estaba muy contento, y casi no oí lo que contestaron las otras.

En Historia Sagrada, dijo don Restituto a Josefina:

–Cuente usted a Celia lo que le ocurrió al profeta Jonás.

–Habiéndole mandado el Señor predicar a los ninivitas, embarcó con rumbo a Tarso, y fue arrojado al mar, donde se lo tragó una ballena, que a los tres días lo arrojó en la playa de Nínive...

–¿Qué piensa usted de eso después de la historia que nos ha contado antes? –me dijo don Restituto, riéndose.

–¡Que es mentira, mentira, mentira!

¡Cómo me miraba mi madre! Al fin se le pasó, porque don Restituto le dijo que el pez que se tragó a Jonás no fue una ballena, y que está mal traducido.

¡Y llegamos a la Historia de España! Yo supe bien todo lo que me preguntaron, pero al llegar a los parentescos empezó a preguntar a María Luisa, en lugar de Rosalía, que era la primera de la izquierda.

Resultó que la madre de Carlos V se llamaba Felipe IV, y su hijo, doña Juana... Todas contestaban sin pensar, y ¡se armó un lío! La madre estaba muy enfadada, y cuando me preguntó a mí, dije:

–Así no lo sé. Hay que empezar a preguntar al revés, como nos ha dicho la madre Consuelo...

La madre Consuelo se puso muy colorada y se echó a llorar. La mandaron retirarse y se acabaron los exámenes.

–¡Siempre has de ser tú la que ponga en ridículo a todo el mundo! –dijo mamá.

–Ahora lo que nos tienes que decir es si todo lo que has contestado es porque sabías lo que te iban a preguntar, según el orden establecido por la madre Consuelo.

–No, papaíto, no. Eran sólo los parentescos, porque no los habíamos podido aprender.

–Me parece, hija, que tienes razón y que aquí las cosas no son lo que parecen.

–¡Vaya, ya estás dándole alas!

Dieron tres palmadas y nos reunimos todas para cantar:

Cuánta impaciencia,
qué animación,
qué concurrencia, qué concurrencia
la del salón.
Qué bien vamos a estar
sin trabajar.
Un tiempo tan hermoso
no debiera pasar...

La verdad es que no había casi nadie en el salón; pero ya vendrían a la tarde.

Después nos llamaron para darnos los premios, que eran estampas y libros de misa, y luego pasamos a la exposición de labores.

–¡Lo más oportuno, después del himno al trabajo que acabamos de oír! –dijo papá.

–Pero ¿has hecho tú esta almohadilla, con lo desmanotada que eres? –decía mamá.

–Un poco torpe es para el bordado; pero ayudándola algo, y con la gracia de Dios... –explicó la madre Mercedes.

Mamá se puso muy contenta y aseguró a papá que si estuviera un año más en el colegio me convertiría en otra niña.

Tuvimos que dar a Baby la almohadilla, porque le gustaba mucho, y a mí me llamó la madre Loreto para decirme que me iba a quitar todos los vales, por haber contestado con poca humildad en el examen.

–¿Qué te decía esa madre? Es muy cariñosa, ¿verdad? –dijo mamá.

–Mucho... Ahora me estaba riñendo...

–¡Bah! ¡Buena riña sería! ¡Si te acariciaba!

Mamá y papá estaban tristes porque me dejaban, y yo lo estaba más aún. Baby, sentadito en el suelo, se reía, mirándome. Luego resultó que se había hecho *pis*, y lo limpió con la almohadilla de raso...

–¡Jesús, lo que ha hecho este niño! –gritó mamá.

–Ha estropeado la labor de Celia... Pero usted, ama, ¿en qué está pensando que no ve lo que hace?

También papá se puso muy disgustado al ver todos los colores corridos, y doña Benita lloraba...

–¡Vaya, no hagáis caso! –les dije yo–. La almohadilla la ha hecho la madre Mercedes, y si queréis, os puede hacer otra igual....

Doña Merlucines

Una mañana, cuando bajé al refectorio a tomar el desayuno, me encontré a una señora muy delgada y con el pelo blanco, que estaba sentada a la mesa.

–¡Buenos días!

–Buenos te los dé Dios, hija. Parece que vamos a ser compañeras.

–Sí..., pero no va usted a aprender nada, porque estamos en vacaciones. Sólo hay la clase de costura, de la madre Mercedes.

–¡Ji, ji, ji! ¡Qué graciosa! ¡Si yo no he venido a aprender!...

–¿Ya lo sabe usted todo?

–¡Qué he de saber, hija, qué he de saber! Yo soy una ignorante...

–Pues en cuanto lo sepan la madre Consuelo y la madre Corazón de Jesús, la obligarán a aprender, aunque no quiera... Yo tampoco quería aprender a coser, y como si no... ¡Son más testarudas!...

–Pero tú eres una niña, y yo soy una vieja... Estoy aquí mientras mis hijos viajan.

–Igual que yo... Mis papás también están viajando..., y estoy en el colegio para no darles guerra. ¿Es que usted daba guerra también?

–Sí, hija, sí. En llegando a mi edad, en todas partes se estorba.

–Eso dicen de mí... Pero usted, que es tan mayor, ¿todavía daba guerra? ¡Huy, qué cosas!

–¿Qué está diciendo esta parlanchina? –dijo una lega, entrando con el café.

–Déjela, hermana. Es muy graciosa, y me divierte oírla –contestó la señora.

Comemos siempre juntas, y yo creí que también dormiría en mi dormitorio. Pero no. Me ha explicado que duerme arriba, en una celda, porque es señora de piso.

Los primeros días me quería mucho y me convidaba a merendar en su cuarto.

La primera tarde me dio fresas y plátanos con nata. Después subió una lega chocolate con bizcochos, y yo había comido tanto, que no pude comer más.

¡Me dio una rabia! Para otro día, decidí comer menos fruta y dejar un rinconcito sin llenar del todo.

A la tarde siguiente no comí fresas, esperando el chocolate, y no lo trajeron. La señora dijo que ya no teníamos apetito, porque habíamos comido más fuerte que otros días.

En cambio, sacó de un armario una botella y me dio en un vaso chiquitín una cosa espesa y dorada.

–Anda, toma un chupito, que es cosa buena...

–¿Está dulce?

–Dulce y riquísimo; ya verás... Esto da la vida.

Por si no me gustaba, lo bebí de un trago, y... ¡Madre mía, lo que me pasó! Parecía que me había tragado una cerilla ardiendo...

Empecé a toser y a sudar, y a caerme lágrimas, hasta que la señora se asustó.

–No digas nada, no digas nada –me decía.

Al oírme, entró una madre y se puso a darme golpes en la espalda, empeñada en que me había tragado un botón y en hacérmelo echar...

–¡Agua, madre, agua, que me quema!

–¿Qué le quema?

–La garganta, y la lengua, y el cielo de la boca y todo lo de dentro...

–¿Qué es lo que se ha tragado? ¡Diga!

–¡Un chupito! ¡Deme agua, madre!

–¡Jesús! Tome y calle... Pero, ¿qué es un chupito?

–¡No le haga caso, madre! –dijo la señora, muy enfadada–. ¡No le haga caso! Yo no le he dado nada... ¿Oyes tú, mocosa? Yo no te he dado nada...

Ya en el cuarto de baño, haciendo gárgaras con agua fresca, la madre seguía queriendo saber lo que era un chupito.

–Pues un chupito es un jarabe que quema. La señora tiene una botella en su armario, y me ha dado un vasito, y ella se ha tomado tres...

–¡Embustera! ¡Chismosa! –entró diciendo como una furia, porque nos había seguido y estaba escuchando.

Desde entonces no me puede ver.

Seguimos comiendo juntas; pero ya no me da rajas del embutido que le ponen en un platito...

Y cuando juego en el jardín, ella, que siempre está haciendo ganchillo, sentada en un banco, me mira rabiosa, porque la pelota se me va por su lado.

Hasta que una vez le cayó en la cara y se la llenó de barro. ¡Se puso como un demonio!

Me hubiera pegado, si no llega a ser por Juanón, que la detuvo.

–¡Cuidado, señora, que aquí no se puede pegar a nadie!

–Y a usted, mostrenco, ¿quién le mete en lo que no le importa? –le dijo.

–¡Oiga usted, doña Merlucines, que yo no he insultado a nadie!

¡Qué risa pasé! Yo no la llamo más que doña Merlucines. Un día que me oyó don Restituto, se reía tanto, que tuvo que sentarse.

–Conque doña Merlucines, ¿eh? No está mal, no está mal... ¡Eres el diablo, muchacha!

Pero la madre Loreto, cuando se enteró, me castigó sin postre una semana entera.

¡Me da una rabia! Doña Merlucines se pone a comer los melocotones y la carne de membrillo mirándome a mí.

–¡Ji, ji, ji! –hace.

¡No quiero ni mirarle esa cara de garbanzo que tiene!

Sus amigas, que son otras señoras como ella, con trazas de Merlucines también, vienen a merendar en su cuarto salchichón y chupitos... ¡Las oigo toser!...

Menos mal que encontré el sitio donde tienen el embutido. Son unos chorizos muy gordos, que estaban colgando del techo del sótano. ¡Están más buenos!

Por las tardes, a la hora del coro, me subo a un banco, y con sólo desatar la cuerda que tiene el embutido al final, puedo sacar, con el abrochador de las botas, la carnecita de dentro.

Luego relleno lo que queda vacío con papel mascado, y lo vuelvo a atar. Se queda igual que antes.

Ya sé que esto es pecado y que no se debe hacer... Pero, ¿para qué se ríe de mí cuando me dejan sin postres?

Además, no importa hacer algún pecadillo, porque los sábados me arrepiento y me confieso. Y como era miércoles, podía ir probando de todos los chorizos y dejarlos como antes, sin que se notara.

Una tarde me encontré con que se los habían llevado... y me puse a temblar. ¿Qué pasaría ahora? A lo mejor, ni se enteraban...

¡Ay, pero sí se enteraron! A la mañana siguiente lo sabía todo el mundo, no sé por qué.

–Ha procedido usted como un chico de la calle –me dijo la madre superiora.

Yo me hice la boba, como si no supiera nada. Me enseñaron los papeles, que no había mascado bien, y todos eran hojas de mi cuaderno de dictado.

–Y ahora, ¿tienes el valor de seguir negando? –decía doña Merlucines–. Esto merece un castigo ejemplar, madre. Esto no puede quedar así.

Y como la madre es mejor que ella, dijo:

–¿Qué más castigo que su propia conciencia? Estoy segura de que está arrepentida. Rece mucho, hija mía, para alcanzar el perdón... Pero ¿no dice nada?

–Digo que doña Merlucines es muy mala, y que no me arrepiento hasta el sábado... Después de todo, ya hacía tres semanas que no tenía nada que confesar, y ahora me alegro de tener que decir algo... Así no me dirá don Restituto que le hago perder el tiempo...

Esto no se lo dije; pero debía habérselo dicho, porque es la verdad...

Doña Merlucines, rabiosa

Doña Merlucines siempre está furiosa contra alguien. Furiosa contra mí o contra la *Rabona,* o con las cucarachas, o con el calor, o con todos a un tiempo... Siempre está gruñendo.

–¡Vaya una ganga que les ha caído a ustedes con semejante niña! –les dice a las madres–. ¡Ya podían habérsela llevado sus papás de viaje! Entre ella y las cucarachas, yo no tengo un momento tranquilo en esta casa...

No sé yo qué le habrán hecho las cucarachas para que les tenga tanta rabia.

En la carbonera hay muchas, chiquititas, con las patas muy largas. Por la tarde, cuando las madres y las legas están en el coro y la cocina se queda medio a oscuras, con las persianas echadas, salen de paseo todas las cucarachitas, y yo voy a verlas. Son muy monas...

Pues doña Merlucines, un día que entró en la cocina por un vaso de agua a la hora del paseo, salió chillando, como si se hubiese vuelto loca.

–¡Cucarachas! ¡Qué asco! ¡Que las maten! Yo traeré polvos insecticidas... ¡Esto no puede ser!

¡Qué señora! ¡Vaya una manía de matar a todo el mundo!

Cuando me la encuentro en el pasillo o no me mira la madre, le saco la lengua. En seguida me acusa.

–Madre Loreto, Celia me está haciendo burla.

–¡Niña! ¿Está usted en su juicio?

–Nada, nada... Son ustedes muy blandas con ella. Le hace falta un castigo ejemplar... ¡Si fuera hija mía, cuántos palos iba a recibir!...

Porque eso del castigo ejemplar es que quiere que me den de palos, como Juanón le da a su borrico. ¡Será mala!

Pues a la gata, también quiere que la maten ahora.

Ha sido porque una tarde se dejó olvidado en el refectorio el canastillo donde guarda una puntilla muy larga y muy fea que está haciendo, y la gata lo tiró al suelo.

De tanto jugar con los ovillos, se hizo un enredijo de hilos que se le envolvió en las patas y en el cuello, y se fue con la puntilla arrastrando...

Doña Merlucines, que venía de rezar el rosario, se encontró a la gata en la galería, y ¡cómo se puso!

Tuvieron que darle aire con un abanico y echarle vinagre por las narices...

En cuanto se le pasó, empezó a correr arriba y abajo, detrás de la gata, hasta que la pobre *Rabona,* asustada, se metió en la leñera...

Entonces le dio un castigo ejemplar: con su sombrilla le pegó tantos palos, que la gata se le agarró a una mano y, ¡claro!, le clavó los dientes. ¡Qué gritos daba!

–¡Está rabiosa! ¡Está rabiosa! –decía–. ¡Que la maten!

–¡No, madre, no! –dije yo–. ¡Que no maten a la *Rabona!*

–¡Cállese! ¡Qué remedio habría si estuviera rabiosa!

–Pues más rabiosa está doña Merlucines...

Y es verdad. Nunca he visto yo a ninguna gata tan rabiosa como ella...

Hasta le dio un soponcio, con gritos y patadas, que parecía un demonio. Las madres, aburridas, la dejaron sola con la madre San José.

A mí también me echaron al pasillo; pero me quedé mirando por el agujerito de la llave, para ver qué cara ponía. Por allí vi venir al médico, que le dijo no sé qué de unas inyecciones, y que la gata no tenía nada. Pero ella, como si no:

–¡Que la maten, doctor, que la maten, para mi tranquilidad!

¡Qué bribona! Lo que hice fue buscar yo a la pobre gata, para echarla al jardín y que no la encontraran. En la cocina vi que las legas estaban regándolo todo con unos polvos que olían muy mal, para matar a las cucarachas.

¡Pobrecitas! Se quedaban medio atontadas y se caían tripa arriba. Yo las fui cogiendo por las patas, y llené un cucurucho de ellas. No estaban muertas: es que tenían una pataleta, como doña Merlucines.

A la hora de la cena, la madre Loreto le contó lo que habían hecho en la cocina.

–Ya puede usted estar tranquila, señora. Las hermanas legas han acabado, casi del todo, con las cucarachas. En dos o tres días no quedará una.

Y contestó doña Merlucines:

–Más vale así, porque si esto hubiera seguido, estaba dispuesta a irme del convento. Ahora, si esa dichosa gata desaparece y educan a esta chiquilla, empezaremos a vivir en paz...

Entonces se me ocurrió hacer una cosa.

Pasé por detrás de ella, a llenar mi vaso de agua en el filtro, y le prendí con cuidadito, al vestido, por la espalda, el cucurucho, abierto, con las cucarachas desmayadas.

Cuando ya estábamos en el postre vi que iban reviviendo y que salían muy contentas a correr por encima del vestido de la vieja.

Tardó un rato en darse cuenta; pero cuando empezaron a andarle por la cara y por el pelo, y a metérsele por el cuello y por las mangas, fue horrible.

Dio un chillido horroroso y un salto. La madre Loreto la miró asustadísima; me cogió de una mano y me sacó del refectorio corriendo. Después echó la llave a la puerta.

Creí que sabía lo que yo había hecho y que estaba enfadada contra mí; pero no.

–¡Ay, Dios misericordioso, qué desgracia tan grande! –decía–. ¡Esto es un ataque de rabia!

Entre tanto, doña Merlucines rugía como un león, y la oímos correr por el refectorio.

Vinieron todas las madres, y todas miraron por el ojo de la llave, y se persignaron con la cruz del rosario.

Y no era para menos, porque ¡había que ver qué cosas hacía doña Merlucines! Golpeaba la puerta, pateaba, chillaba, gritaba: «¡Bichos, bichos!».

–¡Ánimo, pobrecita, ánimo! –le decía la madre–. Acuérdese de lo que padeció Nuestro Señor por nosotros.

–¡Abra la puerta! ¡Abra! –gritaba ella.

–No puede ser, hija, no puede ser. Espere a que venga el médico. Mientras, encomiéndese a Dios, que nosotras la ayudaremos...

–¡Yo no necesito médico! –gritaba furiosa–. ¡Me corren bichos! ¡Ay, ay!

–¡Pobrecita! ¡Pobrecita! –decían las madres.

Y venga hacerse cruces con el rosario y venga rezar y pedir a Dios misericordia. Y doña Merlucines chillando, como si hubiera veinte ratas encerradas con ella.

No sé qué les pasaba a todas para ponerse así, pero tenía miedo de que al fin abrieran la puerta; porque, en cuanto se descubriera todo, me lo iban a hacer pagar a mí...

Por fin se cansó de chillar y llegó el médico.

–Pero, ¿qué les pasa otra vez?

–Un ataque de rabia, doctor. No queríamos hacerle caso, y mire si ha sido verdad...

–¿Están seguras?

–Ya lo creo. Hasta ahora mismo ha estado con él... ¡La Santísima Virgen tenga piedad de esta santa casa!

El médico entró en el refectorio y oímos llorar a doña Merlucines. Todas las madres se asomaron a ver, y yo me quedé sin enterarme de nada. De pronto, dijo la madre superiora:

–Madre Loreto, suba su caridad a acostar a Celia, que ha velado más de lo debido con los acontecimientos de esta noche.

¡Qué rabia! Subimos al dormitorio y ya no sé qué pasó. Al otro día no me dijeron nada...

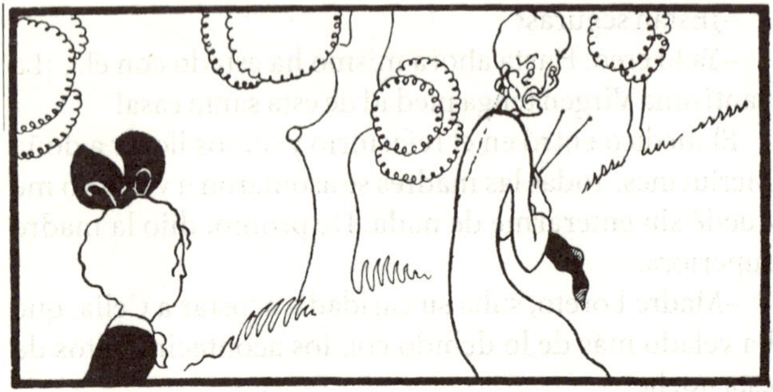

¡Vacaciones!

He estado unos días sin ver a doña Merlucines, y creí que se había marchado para siempre.

¡Pero quia! Volvió, mirándome furiosa, cuando me encuentra en el jardín, y gruñendo cosas que no entiendo contra mí, y llamando a Herodes... Será algún perro, digo yo...

Dentro del colegio no se puede respirar. Han traído muchas cajas de polvos y pulverizadores, y botellas de cosas que hacen estornudar... Dice Juanón que son gases asfixiantes.

No ha quedado ni una cucaracha. Las pobrecitas se han muerto todas. Ahora está empeñada en matar todas las moscas y todas las hormigas... ¡Qué mala es!

A la *Rabona* la ha debido de matar, porque no la he vuelto a ver por ninguna parte. Y al perro del jardinero le estaba soplando un día con el pulverizador entre las lanas...

Juanón se puso furioso:

–¡Señora! Deje usted en paz a mi perro, que no ha hecho mal a nadie. ¿O es que nos quiere usted matar a todos?

Ella se fue refunfuñando, pero al día siguiente la encontré queriendo matar a la cigüeña, soplándole debajo de las alas...

Se lo dije a la madre:

–Madre, doña Merlucines quiere matar a la cigüeña.

–¿Qué es eso? Hoy se queda usted sin postre por llamar motes a una persona mayor. Se llama doña Remedios.

–Bueno..., pues quiere matar a la cigüeña.

–¡Jesús! ¿Es que la ha picado? Entre ustedes dos van a acabar con toda la comunidad...

No me hizo caso. Se lo conté a las legas, y me dijeron que es que le estaba matando el piojillo.

–¿Y no se morirá la cigüeña?

–Puede morirse del olor... A poco más nos morimos nosotras, cuando le dio por matar a las cucarachas...

Así es que esta señora quiere matar a todo el mundo para quedarse ella sola... ¡Qué graciosa!

Ahora juego a que estoy en una isla embrujada. La bruja es doña Merlucines, que va matando poco a poco a los habitantes de la isla, y luego se los lleva a su caverna para comérselos.

La cigüeña y yo andamos todo el día por los rincones, acechando a la bruja y mirándola ir y venir. Hasta que nos encuentra y viene a nosotras como una fiera...

Pero no nos alcanza, porque corremos más que ella.

–¿Por qué me miras así, vamos a ver? ¿Es que tengo monos en la cara? –me pregunta.

¡Qué tonterías! ¿Cómo va a tener monos en la cara? No sabe lo que dice...

El domingo vino a jugar conmigo una niña que se llama Margarita y es sobrina de una madre.

Quería jugar a los alfileres, o a justicias y ladrones, o a

las visitas; pero yo le expliqué el juego que he inventado, y que es mucho más bonito.

–Esto que parece un jardín, no lo es. Es el bosque de la isla embrujada. Nosotras vivimos debajo de un árbol, y aquí hacíamos la comida...; pero, de pronto, venía la bruja echando maleficios de una caja y nos íbamos arrastrando entre las matas, para que no nos viera. ¡Mírala por dónde viene!

Margarita se asustó y se puso a llorar.

–No llores, tonta... Si yo tengo un frasquito lleno de agua bendita y no puede hacernos daño.

–¡Yo me quiero ir a mi casa! –decía.

–No seas boba... Si esto es precioso...

–¿Es una bruja de verdad?

–Ya lo creo... Vuela por la noche y se va a ver al diablo, y a contarle las cucarachas que ha matado... Por cada una que mata le da un duro, y si mata un gato, le da dos...

–¿Y si mata una persona?

–Pues le da tres...

Doña Merlucines, que se había sentado en un banco, detrás del macizo de la fuente, sin que la viéramos, lo oyó todo, y salió como una fiera.

Me cogió por un brazo, con unos dedos como tenazas, y me zarandeó un rato de un lado para otro... Yo lo veía todo revuelto, y cuando me soltó me caí... Margarita se había ido corriendo.

–¿Conque soy una bruja? ¿Conque el diablo me da un duro por un gato? ¡Chismosa! ¡Embustera! ¡Te voy a arrancar la lengua y te voy a azotar con ella!...

Acabé cogiéndole miedo de verdad, y no he vuelto a jugar en el jardín ni a andar por donde me pueda ver. En cuanto comemos, me subo al olmo de junto a la tapia, y ya no sabe dónde estoy.

Desde allí miro el mar, que es el campo, y la carretera. Cuando veo venir por el camino un carro cargado de haces, grito que es un barco y le hago señales con el pañuelo.

Nunca me hacen caso los del barco. Por eso los náufragos ven pasar un barco, y otro, y otro, y hasta que llega el último nadie los ve.

Igual me ha pasado a mí. Un día vi llegar por la carretera un coche, y empecé a gritar, como siempre:

–¡Barco! ¡Barco! ¡Socorro!

Y movía el pañuelo como si fuera una bandera.

El barco se paró delante de la verja, y yo grité más fuerte. Entonces se asomaron por la ventanilla y oí que decían:

–¡Celia! ¡Celia! ¿Dónde estás?

–¡Echen una lancha! ¡Socorro! ¡Aquí! –gritaba yo.

Y la echaron. Se abrió la puerta del coche y salió una lancha dando bandazos hasta la puertecilla del jardín.

Era una señora con velo negro que decía, mirando a todas partes:

–¡Celia! ¡Celia! ¿Dónde éstas?

–¡Estoy en el árbol!... ¡Socorro! ¡Socorro!

Miró hacia donde yo estaba y ¡era doña Benita! Doña Benita, que levantaba los brazos y hacía aspavientos.

–¡Hija de mi alma! ¿Es que no te puedes bajar? Agárrate bien, que ahora diré yo que pongan una escalera... ¡Pobrecita mía!

Juanón abrió la puerta y la lancha entró en el jardín. Yo me escurrí por el árbol abajo, y doña Benita me abrazó y me llenó la cara de lágrimas...

–¡Hija! Qué apuradita estabas, ¿verdad? ¿Te has alegrado mucho al verme?

–Ya lo creo, como que me has salvado... Toda la tarde pasando barcos, y sin ver las señales ni oír los gritos.

–¿Barcos? –decía doña Benita asombrada.

–Bueno..., si no eran barcos, eran carros; igual da.

–¿Sí...? Pero ¿por qué te has subido a ese árbol tan alto?

–Porque tengo mucho miedo a la bruja. Quiere matar a todo el mundo para comérselo. Ha matado a la *Rabona*...

–¿Quién es la *Rabona?*

–Pues una pantera que había en esta isla. Quería matar a las legas, al perro, a *Culiculá*, y a mí me quiere arrancar la lengua...

–¡Hija! Pero ¿qué dices? ¿Quién te quiere hacer daño a ti, di, quién?

–La bruja...

–Diga usted, buen hombre, pero ¿esto es verdad? –le preguntó a Juanón, que nos estaba escuchando, abriendo una boca de oreja a oreja.

–Que sea bruja, no sé yo... Pero si es de doña Merlucines de quien habla, una tía perra sí que lo es..., y que Dios me perdone la comparanza...

–¿Vienes por mí, doña Benita?

–Sólo venía a verte; pero después de eso que me has contado..., no sé... ¿Y tú estás segura de que sea una bruja?

–¡Claro! A todos los mata con gases asfixiantes... A mí me quiso matar con un chupito...

–¡Virgen Santísima! Yo tengo que hablar de eso con las monjas... ¿Y qué hacen esas señoras que no salen?

Era que estaban en el coro; pero al fin salió una madre, y doña Benita le dijo que había recibido carta de papá y que venía a llevarme con ella unos días.

–¿De modo que se lleva usted a Celia? –le preguntó.

–Sólo por unos días, madre. Parece que está pálida, y yo tengo ahora una casa alquilada en el pueblo.

–¿Pálida? No creo. Está todo el día en el jardín, inventando diabluras... Tal vez le ha dicho a usted alguna fantasía suya...

–Sí, algo me ha dicho... Creo que tienen ustedes aquí a una...

–Una señora de piso muy respetable... Tal vez algo rara, pero dignísima por todos conceptos... Si así no fuera, no estaría aquí...

–Sí, sí; pero creo que ha matado a un animalito y que tiene gases asfixiantes...

La madre se reía.

–Pero, señora, por el amor de Dios, ¡no haga usted caso a Celia!

–¡Ay, madre! Los niños y los locos dicen las verdades.

¡Y me han sacado del colegio! ¡Son vacaciones!

Sola en el colegio

El día de los exámenes por la tarde se fueron las niñas que viven en el pueblo, y en los días siguientes esto ha sido un jubileo de papás que venían a buscar a sus hijas.

Las que quedaron las llevó a la estación la madre Consuelo, en el «auto» grande del colegio. ¡Sólo yo me he quedado aquí para todo el verano! ¡Estoy más triste!

Desde que empezaron las vacaciones, y todas las niñas esperaban que vinieran por ellas, ya ninguna hacía caso de mí, y se reunían para decirse lo que iban a hacer en el verano.

–¿Vais a ir a San Sebastián?

–Ya lo creo. Y a Biarritz, y a San Juan de Luz...

–Nosotros veraneamos en Portugal.

–¡Huy, qué cursis!

–Más cursi es Josefina, que se va a Alicante.

–¡Mira quién habló, y ella no veranea!

¡Todas son unas tontas! Yo sólo quería ir a una playa con mucha arena para hacer flanes... Aquí no hay arena ni en los paseos del jardín. Todo está lleno de piedrecitas del río...

¡Ay, qué verano más aburrido voy a pasar!

Cuando se fueron todas, me entró una llorera...

–¿Se puede saber qué le pasa a usted para llorar de ese modo? –me preguntó una madre.

–Nada..., que estoy muy triste. Estoy sola... No tengo con quien jugar...

–¿No tiene usted a Dios? «Quien a Dios tiene, nada le falta.»

–Sí... Pero ¿no le digo que no tengo con quién jugar?

–Lo que tiene usted es mucho mimo, y necesita corregirse...

Porque las madres siempre salen por donde menos se piensa, y nunca contestan acordes.

Como estamos en vacaciones, creí que no tendría nada que hacer; pero, sí, sí... La madre me ha dicho:

–Me he propuesto que aprenda usted a coser en este verano, y lo he de conseguir. Con paciencia y perseverancia, todo se consigue... En cuanto acabe de comer, vaya al cuarto de costura.

Claro que no voy. En cuanto puedo escaparme, me subo a un árbol del huerto para que no me encuentren... Pero siempre saben luego dónde he estado.

–¿Quién se ha comido las cerezas de este árbol, que está el suelo regado de huesos? –dice una madre.

–Yo no. Habrá sido Juanón. Yo me los trago todos...

–Sí, ¿eh? Pues de rodillas a la galería hasta que yo la llame a coser.

Menos mal que tengo para hacerme compañía a *Culiculá,* la cigüeña que se rompió un ala y una pata y cayó al jardín.

Es mucho más lista que la madre Consuelo. Yo creo que, con paciencia y perseverancia, como dice la madre, va a aprender muchas cosas. Hasta a hablar.

Ya sabe tenerse en un pie, como yo, y castañetear con el pico cuando ve pasar por el aire a otras cigüeñas... Me conoce. ¡Es más rica!

Las legas le ponen la comida en el suelo del jardín, y ella lo coge con el pico, lo echa al aire y lo deja caer en el pilón de la fuente. Después lo recoge bien lavadito y se lo come.

¡Si no fuera por ella, me moriría de pena! Me aburro de estar todo el día en el jardín... No me dejan subir a las clases, ni al dormitorio, ni siquiera al cuarto de baño, sin que una madre vaya detrás de mí a ver lo que hago. ¡Qué manía!

Ayer me estaba mirando al espejo del lavabo, y haciendo gestos. Guiñaba un ojo, como hace la madre Florinda cuando se enfada; arrugaba las narices como la madre San José, y torcía el hocico como Elguibia...

¡Yo soy más guapa que ellas, y eso que me pongo muy seria!... Me reí para ver qué cara pongo cuando me río, y estaba más guapa todavía.

Un día que me hice la dormida le oí decir a la madre Loreto, que hablaba con otra madre:

–Mire su caridad qué carita de ángel tiene Celia cuando duerme.

Es la única vez que me ha dicho algo que esté bien, ¡porque es más áspera!

Pensando en esto, me miraba en el espejo con los ojos cerrados, procurando ver por una rendija solamente, cuando me vio una madre.

–¿Qué hace usted con los ojos cerrados frente al espejo?

–Ver qué cara pongo cuando estoy dormida.

–¡Alabado sea Dios! No sea usted tonta, criatura. Baje al jardín y no esté aquí haciendo tonterías, que nos tiene sobresaltadas.

–Es que me aburro siempre en el jardín...

–¿Se aburre? ¿Para qué le sirve entonces tener tanta imaginación? Si usted se lo propone, puede figurarse que está en el jardín del Paraíso, o en el cielo jugando con los ángeles... Y hasta puede que sea verdad, si es buena...

Tiene razón la madre. Figurándome cosas, me divierto mucho.

He jugado a ser Caperucita, y a coger flores en el bosque mientras llegaba el lobo, pasito a pasito, a comerse a mi abuela. Después me dio miedo ir a la casa donde estaba el lobo, y no fui...

¡Con el cuento de Barba Azul he pasado un susto!...

Yo era la hermana Ana, y me subí a la tapia para mirar el camino:

–¿Qué ves, hermana Ana?

Y contestaba yo con otra voz muy triste:

–Veo el camino que blanquea y el campo que verdea.

Mientras, Barba Azul afilaba la espada para cortarnos la cabeza a mi hermana y a mí.

–¿Qué ves, hermana Ana?

–Veo la pradera y una gran polvareda.

–¿Son nuestros guerreros?

–No, que son carneros.

Las chicas que jugaban al otro lado de la tapia, que no saben el cuento, se creyeron que se lo decía a ellas.

–¡Pero si es Celia! ¡Y nos ha llamado carneros! ¡Tú sí que eres una oveja modorra! ¡Tú, señoritinga!

Yo no quería hacer caso, porque estaba esperando a los guerreros, que venían a salvarnos. Entonces las chicas

empezaron a tirarme pegotes de barro, que me dieron en el vestido y en la cara...

Al fin tuve que escurrirme por la tapia abajo, y ya Barba Azul había matado a mi hermana...

Como estaba anocheciendo, me entró un miedo, que me puse a tiritar, y me senté en un rinconcito, esperando que viniera a matarme a mí.

De pronto no oí nada, porque las que estaban jugando

junto a las tapias se habían marchado; y me dio muchísimo más miedo...

No sentía ni un ruido en el palacio de Barba Azul, pero yo me acordaba que en el salón grande estaban muertas todas sus mujeres, y que él andaría buscándome para matarme.

Entonces hice «ris-ras» y cerré la puerta con llave. Después miré por la ventana, que era un hueco que quedaba entre dos rosales, y sentí que alguien andaba por el paseo... ¡Barba Azul!

Venía por el aire, como una sombra blanca, sin tocar en el suelo...

–¿Quién anda ahí? –dije; y no me contestaron.

Escapé a correr hacia el colegio. En la puerta me volví a mirar, y vi que venía corriendo detrás de mí con una espada en la mano...

–¿Qué le pasa a usted, loca? –me dijo una madre al verme entrar corriendo y asustada.

–¡Que vienen a matarme! ¡No abra, madre, no abra; que entra! ¡Quiere cortarme la cabeza!...

¡Se llevaron un susto!... Antes de acostarnos hicieron que Juan registrara todo el jardín. Y vuelta a preguntarme:

–¿Está usted segura de que había alguien con usted? ¿Era un hombre solo o varios? ¿Diga?

–¡Ya lo creo que estoy segura! Era un hombre... Barba Azul...

–¡Qué tontería! ¿Es que no le ha visto usted bien?

–Sí, le he visto. Era la cigüeña, que al verme correr venía detrás con las alas abiertas... Pero como yo jugaba a la hermana Ana, me figuré que era Barba Azul vestido de blanco como un moro.

–¿Qué está usted diciendo?

–Pues eso: que yo jugaba y veía lo que quería...

–¡Muy bien! Y si usted jugaba, ¿por qué no nos lo ha dicho, en vez de tenernos asustadas todo este tiempo?

–Porque así parecía más de verdad, y jugábamos todos...

El carro de los titiriteros

Doña Benita y yo vivimos en una fonda pequeña que hay en la plaza, desde que salí del colegio.

¡Estoy más contenta! Y es que ahora lo está todo el mundo. Se les nota a todos.

Las muchachas de la fonda siempre están cantando. El dueño, que es muy gordo, se sienta a la puerta en cuanto anochece, y se ríe como un bobo. Hasta el gato se lava la cara lo menos veinte veces, y se pasea por la plaza como una persona.

¡Hay que ver cómo juegan los pajarillos y chillan persiguiéndose por el aire! ¡Es que estamos en vacaciones! Sólo doña Benita está igual, sin darse cuenta de lo que pasa, y suspirando siempre:

–¡Ay, Señor!

–Pero, ¿qué te ocurre, doña Benita? ¿No ves que estamos en vacaciones?

–Sí, hija mía, sí... Es que soy vieja y tengo poco dinero.

–¡Anda, qué bobada! ¿Y suspiras por eso? Pues mañana vamos al Banco y lo pides...

–¡Claro! Como que me lo van a dar...

–Pues sí que te lo darán. ¡Si lo sabré yo! Te creerás que he ido pocas veces con papá... Lo dan en una ventanilla...

–Bueno, bueno... Si eso fuera verdad no habría pobres.

–Porque no lo saben. ¿No ves que hay millones de ventanillas? Hay que acertar cuál es la del dinero... Y como yo lo sé...

No me ha hecho caso, porque es una testaruda, y sigue suspirando como si le pasara algo grave.

–¡Ay, Señor!

Y eso que ahora hay titiriteros en el pueblo.

Ayer por la mañana, antes de levantarme, oímos tocar un cornetín y un tambor.

Yo me senté en la cama y empecé a dar palmadas de gusto, hasta que se despertó doña Benita.

No me dejó abrir el balcón hasta que estuve vestida, y entonces vi en la plaza, que estaba llena de gente, un coche grandísimo, con un mono encima atado con una cadena.

Junto al coche había un hombre, con un cucurucho colorado en la cabeza y tocando el cornetín.

–Son titiriteros –me dijo doña Benita.

En cuanto tomamos el desayuno, bajé a verlos a la plaza.

El coche era una casita con ruedas, y tenía comedor, y cocina, y ventana con visillos, y flores, y jaulas de pájaros...

Una mujer estaba guisando una cosa que olía muy bien. Otra cosía la puerta de las escalerillas por donde se entraba a la casa. En los escalones estaba sentado el mono...

Alrededor miraban todos los chicos del pueblo y no podía acercarme. Al fin, empujando, empujando, llegué hasta el coche, y vi que junto al mono estaba sentada una niña.

Era una niña como yo, pero con el pelo color de paja y un vestido todo lleno de pedacitos de oro... Tenía los ojos azules y muchos collares...

–¿Cómo te llamas?

–Coralinda.

–¡Huy, qué nombre tan precioso! ¿Haces títeres?

–Sí... Ando por el alambre y bailo... También adivino el pensamiento.

–¡Qué cosa! ¿Sabes lo que piensa todo el mundo?

–Cuando estoy en la función, sí.

–¡Ah! ¿Vienes de muy lejos?

–Sí.

–Oye... Y dime: ¿vas muy lejos?

–Sí.

–Dime... Yo soy Celia...

–¿Qué?

No sabía qué decir; pero yo tenía que preguntarle muchas cosas... Me hubiera gustado que ella me lo contara sola, y no decía nada... Se puso a mirar a otro lado, sin hacerme caso.

Un señor gordo llamó desde el coche:

–¡Suzette!

Y la niña se levantó y se metió dentro, sin decirme adiós...

¡Qué triste me quedé! Estuve dando vueltas alrededor del coche, para volverla a ver, y no pude.

Hasta que vino doña Benita a buscarme medio llorando, porque creía que me había perdido.

En el comedor de la fonda habían puesto unos cartelones grandes que explicaban lo que iba a pasar en la plaza por la noche.

Estaba pintada una sirena con el pelo muy largo, un elefante verde, una bruja echando fuego por los ojos, un salvaje desnudo y una caja abierta con un demonio dentro.

–Iremos a verlo, ¿verdad, doña Benita?

–¿Qué hemos de ir? ¿No ves que eso se acaba tarde?

–¿Y qué importa?

–Vaya, vaya; déjame a mí en paz de mojigangas.

Un señor que comía cerca de nosotros, al verme llorar, dijo que yo tenía razón.

–Si no quiere usted trasnochar, yo la llevaré.

Al fin, se convenció doña Benita, y por la noche me puso el vestido blanco y el abrigo, aunque hacía mucho calor, y fuimos a los títeres.

¡Qué bonita estaba la plaza! Había muchos palos con luces y columpios y guirnaldas de flores... También había una valla redonda, en medio, como en un circo...

Era muy pronto aún, y pusimos las sillas que habíamos llevado en primera fila.

En medio del redondel, un payaso tocaba el cornetín y decía muchas cosas mal dichas, porque era francés.

–¡Vengan, señores, vengan! –gritaba–. Vengan a ver el primer equilibrista del mundo... Al malabarista que ha trabajado en los principales circos de Europa; a la bella Fátima, al bravo Tom...

–¿Oyes lo que dice, doña Benita? ¡Y tú no querías que viniéramos!...

Luego salió el señor Gordo y dijo que venían de París y que habían trabajado delante de un emperador y que iban camino de Pekín. Se habían parado en el pueblo para dar una sola representación, porque no habían querido hacer la descortesía de pasar de largo...

–¡Fíjate, doña Benita, si no venimos!...

Después salieron dos hombres casi en cueros, con pantalones de plata, nos saludaron y se subieron por las cuerdas para columpiarse. Luego vuelta a saludar y vuelta a columpiarse y a hacer como que se caían... Pero no se cayeron.

Otros tiraban cosas por lo alto, y todo era muy aburrido, hasta que salió Fátima.

Era Coralinda. Iba descalza y vestida de oro y diamantes como en los cuentos.

Andaba por el alambre y cantaba canciones muy bonitas y decía versos. También tiraba besos con la mano...

Pero se acabó, y el señor que nos contó lo de Pekín se puso a sacar de un sombrero muchísimos pañuelos y banderitas.

Creí que lo repartiría todo; pero no nos dio nada. Sólo rifó un pañuelo muy grande de seda.

Ya era muy tarde y no salían ni el elefante, ni las brujas, ni la sirena, ni el diablo de la caja...

Doña Benita se aburría.

–Vámonos, que ya es muy tarde.

–Espera... ¿No ves que aún tiene que salir lo que estaba pintado en el cartel?

–Eso no sale.

–Sí sale... Si no, ¿por qué iban a decirlo?

–Porque siempre lo dicen.

–Entonces, ¿nos han engañado?

–¡Vamos, no seas boba! Nadie se cree que va a salir lo que ponen en el cartel.

–¿No? Entonces, ¿para qué lo ponen?

Nos fuimos, y toda la noche estuve soñando con Fátima y la sirena.

Le pregunté a doña Benita, ya en la cama:

–¿Dónde dices que se han ido papá y mamá?

–¿Qué sé yo? Muy lejos... A Pekín lo menos...

–¿Sí? Entonces al mismo sitio donde van los titiriteros... Qué niña tan guapa, ¿verdad? Parece una princesa. ¿Será hija de un rey o del hombre gordo? Me gustaría ser como ella... No la hay tan bonita en el mundo... Era de oro el traje, ¿verdad? Y eran perlas las que llevaba en la cabeza... Yo me reía cuando pasaba por mi lado, pero ella no me ha conocido... ¡Ni me miraba siquiera! ¡Qué manos tiene! ¡Llevaba sortijas en los dedos de los pies!... ¡Ya ves tú si será rica!...

–¿Te quieres callar? –me dijo doña Benita muy enfadada–. Duérmete en seguida.

He decidido marcharme con los titiriteros.

....

Y no me he ido...

A los ocho días volví al colegio y empecé a escribir un libro que se llama *Aventuras con los titiriteros.*

De vuelta de la novela

Ya han vuelto todas las niñas al colegio, y siempre están hablando del veraneo. Dice María Luisa:

–Yo me he bañado en la Concha. Todas las tardes hacíamos excursiones en el «auto». Un día vimos una ballena...

–Y yo he visto un elefante verde que era un príncipe encantado...

–¡Huy! ¿Sí? ¿Dónde estaba?

–Lo llevábamos nosotros en una jaula, para hacer títeres por los pueblos...

–¡Qué niña!... ¡Pero si has estado en el colegio todo el verano!

–No le hagas caso –dice Josefina–. Yo sí que me he divertido. Estuve en Biarritz y luego en París. Mi mamá se hizo amiga, en el hotel, de una princesa rusa...

–¡Vaya una bobada! Y yo he comido con el Sultán y la Reina mora, y estuve en el palacio de Herodes...

–¿Cuándo?

–Pues este verano. ¿No os lo estoy diciendo? Me fui a Belén..., y también he estado en el Paraíso... Había un león muy cariñoso que me llevó a su casa...

–¡Huy, qué niña! ¡Qué cosas dice! Eso es un cuento...

–No es cuento. Es un libro de aventuras que he escrito... No sé yo por qué ha de ser verdad todo lo que decís vosotras, y mi libro de aventuras, no.

Julita dice que ha ido a Mallorca, y que por las noches se asomó a ver el mar, cuando estaba en el barco, y lo vio lleno de escamas...

–No, tonta. Eran las colas de las sirenas... Yo he visto muchas. Una se llamaba Delfina y era amiga mía... Una vez estuvo en el fondo del mar...

–¡Cállese en seguida! –dice la madre Loreto–. O deja usted esas fantasías o daré parte a la madre superiora.

Todas las niñas se rieron de mí, y desde entonces a la hora del recreo quieren hacerme contar lo que me ha pasado este verano, para burlarse.

Ya sé yo que las *Aventuras con los titiriteros* no han pasado nunca; pero ¿y qué? A veces lo que sueño creo que es verdad, y lo que me pasa me parece que lo he soñado antes... Además, lo que ha pasado no está escrito en ninguna parte y, al fin, se olvida. En cambio, lo que está escrito es como si hubiera pasado siempre...

Un día que estuvo a verme doña Benita le pregunté:

–Dime: ¿de veras, de veras, no hablé yo con los titiriteros que vinieron a la plaza?

–¡A Dios gracias!... Buen susto me diste con salir a la plaza después que me había dormido... Y bien tempranito te llevé al otro día al colegio.

–¿Te acuerdas lo que me quería *Culiculá*, la cigüeña?

–¡Mucho! –dijo la madre Loreto, que siempre estaba escuchando lo que hablábamos–. En cuanto estuvo curada del ala y vio una bandada de cigüeñas que se iban a Egipto, levantó el vuelo y se marchó con ellas sin dar las gracias.

–Todos hacen lo mismo. Así hizo Delfina, y el elefante verde y Carachupa, y hasta Coralinda...

–¿Qué está usted diciendo? ¿Pero es que no se le van esas bobadas de la cabeza?

–No, madre. Si son unas aventuras que he escrito en un libro, con las tapas de piel y las hojas en blanco... Cuando venga mi papá se lo regalaré.

–Su papá preferiría que hubiese escrito en él los problemas de Aritmética y sus oraciones...

¡Qué bobadas se le ocurren a la madre Loreto! Papá me dijo, cuando me regaló el libro: «Para que escribas en él tus fantasías».

La madre Isolina comprende mejor todo. Cuando me encuentra se ríe:

–¿Acabó usted el cuento, querida?

–Sí, madre.

–Más vale porque nos ha traído con el alma en un hilo todo el verano... ¿Se acuerda de aquel día que la saqué medio ahogada del estanque?

–Sí me acuerdo. Es que estaba en el fondo del mar...

–¿Y de cuando se quedó ronca, imitando a un elefante?

–Sí, sí...

–¿Y de las corridas detrás de la gata, empeñada en que era una mona? Buena le puso a usted la cara de arañazos. ¿Y de aquellos discursos que nos echaba usted en francés, desde lo alto de la tapia del huerto? ¡Ay, hija, yo creo que estaba usted endiablada! ¡Dios me perdone!

Ahora me junto con una niña nueva que se llama Conchín. A ella le cuento todo, y me escucha sin pestañear. Una tarde le contaba cómo las sirenas vinieron a la playa a buscar a Delfina, cuando llegó María Luisa, que es una chismosa, y me callé.

–¿Por qué no sigues contando?

–Porque no.

–¡Como si yo no lo supiera! Estabas diciendo que has ido con las madres en una tartana haciendo títeres, y que la mona *Mariana* y el oso *Juan* eran los reyes de Alcorcón..., y estabais todos en Babia...

–¡Embustera!

–Si lo sé todo. ¿No ves que te hemos cogido el libro que has escrito?

–¡No es verdad!

–Pues vete a buscarlo.

Ya lo creo que fui... ¡Tenía una rabia que no veía, y tropezaba a cada paso!

Lo busqué en mi pupitre..., ¡y no estaba! Yo lo había puesto allí por la mañana, después de corregirle las bes y ponerle las haches... Revolví mi ropa; miré hasta debajo de las sillas... ¡Me lo habían quitado!

Bajé al jardín llorando a gritos y sin poder hablar.

–Ma... ma... madre Isolina... ¡Me... me... me lo han quitado!

¡Cómo se reían todas!

–¿Qué le pasa a usted? ¡Diga! –decía la madre.

–¡Me... me han quitado el libro que... yo había escrito!

–¡Pero no se ponga usted así, criatura! Ya parecerá.

–No... No... Ha sido María Luisa... Ella lo tiene...

–Diga usted la verdad: ¿tiene usted el libro de Celia?

–No, madre Isolina; no lo tengo.

–¿Y alguna de ustedes, lo tiene?

Todas dijeron que no, pero se miraban y se reían...

Después entraron a comer, y María Luisa pasó junto a mí.

–Dámelo –le dije.

–No lo tengo... Lo he tirado al pozo...

–¡Bribona! ¡Cochina!

Me ahogaba de rabia, y no pude comer. La madre Loreto me hizo bajar al jardín para ver si dejaba de llorar.

–¡Ay, qué pena, madre mía! Ahora es como si todo lo que me ha pasado este verano no fuera verdad... Ya no estará escrito en ninguna parte...

–No diga usted tonterías...

–Ahora se me olvidará todo... Ya no me acuerdo cómo se llamaba el salvaje...

–Se me olvidará lo que pasó en el fondo del mar, y lo que me contó Coralinda. ¡Yo quiero matar a María Luisa!

–Pero, ¿qué está usted diciendo, loca?

Me cansé de llorar y me quedé dormida en el banco. Cuando desperté vi a las niñas jugando al escondite. ¡Y oí reír a María Luisa! ¡Ella había tirado al pozo mi libro!

Vi que se escondió detrás de un árbol... No me veía... Cogí una piedra y se la tiré con fuerza.

Gritó y se cayó al suelo... Tenía sangre en la cara.

Vinieron las niñas, y una madre levantó en brazos a María Luisa, que tenía los ojos cerrados...

–¿Quién ha sido? –oí decir.

–Celia, que está en aquel banco.

Me miraron y me tapé la cara.

–¡Si la he matado, que me maten a mí! –grité.

Doña Benita y la madre superiora

En unos días no vi a María Luisa. Las niñas me dijeron que estaba en la enfermería, y que a mí me iban a llevar presa a la cárcel por haberla herido.

Una tarde, al salir de la capilla, me dijo la superiora, que está muy seria conmigo:

–El domingo, cuando venga a ver a usted esa señora anciana, le dirá que se quede después que se hayan ido las visitas. Necesito que me dé instrucciones sobre lo que hemos de hacer con usted...

–Bueno, ya se lo diré... Pero ella no dirá nada. La pobre no oye y hay que hablarle a gritos...

–Por eso no quedará. Me han de oír hasta las piedras...

No es verdad que esté sorda; pero yo creí que diciéndole eso no le diría nada.

Como si no. El domingo, en cuanto llegó doña Benita, le dijo una madre:

–No se vaya hasta que venga la madre superiora a hablar con usted.

–¿Qué me quiere decir? –me preguntó a mí.

–Pues que soy muy mala.

–Hija, eso ya lo sé yo... Le diré que ella está en el lugar de tus padres, y que yo me lavo las manos.

–¡Qué bobada! Creerás que no se lo figura... Si no te las lavaras, las tendrías sucias.

–No es eso. Le diré que te castiguen como quieran.

–¡Pues sí!... Mira, más vale que no contestes, porque está sorda como una tapia.

–¡Ah! ¿Está sorda?... Bueno, pues me callaré, y que diga lo que quiera...

–Eso has de hacer. Yo te contaré, mejor que ella, lo que ha pasado. Fue que una niña muy mala me robó aquel libro de piel que me regaló papá... Había escrito yo en él las aventuras de los titiriteros, y estaba tan contenta, pensando regalárselo a papá cuando viniera...

–¿Pero estás llorando, hija? ¡Vamos! ¡Quítaselo tú a ella!

–No puedo. Lo ha tirado a un pozo...

–¿Sí? Pues rómpele la cabeza...

–Eso he hecho.

–¡No!

–Sí, sí. Creo que la he matado...

–¡Hija de mi alma! Pero ¿qué has hecho tú?

–Pues eso. Lo que tú me has mandado que haga...

–¿Yo?... ¡Pero si yo no sabía nada!...

–Sí, pero en cuanto lo has sabido me has mandado que le rompa la cabeza.

–¡Eso no tiene que ver! Yo lo he dicho después.

–Porque no te lo conté antes... De todos modos, tú tienes la culpa... ¡Fíjate! Y ahora yo solita lo voy a pagar todo... Me han dicho que me van a llevar a la cárcel, y que me matarán...

–¡Hija de mi alma! ¿Pero quiénes son esos bribones que te van a llevar presa?

–Pues unos guardias.

–¡Madre del Amor Hermoso! ¡Vamos a escaparnos! ¿Quieres?

–¡Sí, claro! Te creerás que están las puertas abiertas.

–Pero, ¿por qué has hecho eso, bribona? ¿No sabes que es un pecado muy grande?

–Tú me lo has mandado.

–¿Yo? Bueno, sí... Pero una dice las cosas sin pensar. ¿Cómo iba yo a creer...?

–Sí, sí... Discúlpate ahora... Y yo solita lo voy a pagar todo...

–No lo creas... Diré que he sido yo, que te lo he mandado...

Doña Benita está medio chocha, y ya no sabía lo que hablaba.

–Bueno, bueno, no grites. Lo que has de hacer es no contestar cuando te hable la madre superiora.

–¡Hija de mi vida! Hay que escribir a tus padres diciéndoles lo que pasa... Aunque allí, a Pekín, no deben llegar las cartas, según creo...

–No, no llegan. Tú cállate y nada más.

Al fin se fueron las visitas y vino la madre superiora. Doña Benita se levantó, y la madre le dijo a gritos:

–He querido que se quede usted para hablarle del comportamiento de Celia, que nos tiene muy disgustadas.

Doña Benita, en lugar de callarse, como me había dicho, gritó furiosa:

–Lo que parece mentira es que una religiosa como usted tenga tan mal genio...

–¿Mal genio una servidora? ¿Y en qué lo ha conocido usted? –chilló la madre.

–¿Es que no lo estoy viendo? –gritó aún más fuerte doña Benita.

–Usted sí que parece que está excitada, señora –siguió diciendo a gritos la madre–. Sepa usted que Celia ha herido a una niña.

–¿Y qué? –chilló furiosa doña Benita, al ver que la madre le gritaba en el oído–. Se lo he mandado yo.

–¿Usted? ¡En el nombre del Padre, del Hijo y del Espíritu Santo!

–Sí, señora... Y no hay que hacer tantos aspavientos

por una ladrona... Y si se muere, que se muera; mi niña no irá a la cárcel...

Doña Benita estaba roja como un pimiento, de tanto gritar.

–Señora, usted no sabe lo que dice –le dijo la madre al oído.

–¡Más que usted, que es un basilisco!

–¡Dios mío! ¿Pero qué está usted diciendo?

–Lo que usted oye... Porque yo, cuando quiero que me oigan, grito hasta reventar. Y a mí no tiene usted por qué chillarme al oído, ¿sabe usted?

La pobre doña Benita sudaba, lloraba y moquiteaba, todo a un tiempo.

Yo me fui a un rincón a reírme... La madre Loreto vino al oír los gritos, y se quedó en la puerta, asombrada de lo que decían.

–Señora, si yo le grito es por su defecto, que no es mi costumbre gritar –dijo la madre.

–¡Ah! ¿conque yo tengo defectos? ¿Es que usted se cree que es una santa? Pues no lo es, no, señora... Y usted no es quien para corregirme a mí.

–Ni lo intento.

–Lo que son ustedes son unas dominantonas, y en mí no manda nadie, gracias a Dios.

–Pero, señora... Yo creo que nos hemos desviado del asunto, y que ya no sabemos de qué estábamos tratando.

–Será usted la que no lo sepa, que yo, sí... Bien tranquila estaba yo con mi niña cuando ha venido usted a insultarme.

–¿A insultarla?

–Sí, señora, a insultarme, a insultarme, silbando como una víbora... Y a mí no me grita usted más...

–¡Válgame Dios! –dijo la madre superiora a la madre

Loreto–. Esta pobre mujer tiene mala la cabeza. Vea cómo se la lleva de aquí, y convendrá que no vuelva a ver a Celia...

¡Cómo se puso doña Benita al oír esto! Pateaba como una furia.

¡Vaya un jaleo que había armado yo sin querer! La madre me sacó de la mano a la galería, y aún oí gritar a doña Benita mucho tiempo.

Arrepentida

Cuando me confesé con don Restituto, se lo conté todo, llorando. Porque cada vez que me acuerdo de mi libro con tapas de piel me pongo a llorar.

–Vaya, no llores más –me dijo–. Ya no tiene remedio, y María Luisa está arrepentida de haberlo echado al pozo. Ahora es preciso que te arrepientas tú de haberle tirado la piedra a ella. Tú no querías hacerle daño, ¿verdad?

–Sí, padre... Quería romperle la cabeza, por ladrona...

–¡Válgame Dios! Pues eso es muy grave. ¿Tú sabes que has cometido un pecado mortal?

–Sí, padre.

–¿Y que si ahora te murieras irías al infierno?

–¿Y María Luisa iría también?

–No, ella, no. Su pecado no es tan grave como el tuyo.

–¡Ah! ¿Conque no? Pues ya le diría yo a Nuestro Señor...

Me pareció que don Restituto se reía. Puse un ojo contra la rejilla, y vi que sí, ¡que se reía!

–Pues no tiene gracia.

–¿Qué estás diciendo? Reza el acto de contrición, y vamos juntos a ver a María Luisa.

En cuanto acabamos de rezar los dos, me llevó de la mano a la enfermería. ¡Yo temblaba!

Abrió la puerta, y vi junto a la última cama del rincón una viejecita sentada, que nos estaba mirando...

–¿Quién es? –dije, intentando volverme atrás.

Pero don Restituto tiró de mí.

–Es la abuelita de María Luisa, que está cuidándola.

Entonces vi a María Luisa, muy pálida, que levantaba la cabeza vendada para mirarme.

¡Ay, qué pena me entró! Me caí de rodillas y apreté la cara contra su cama, llorando a gritos...

Todos se callaron. ¡Claro! ¿Qué iban a decir? ¿Quién iba a tener lástima de mí, siendo tan mala?

De pronto sentí que me acariciaban la cabeza... y que me quitaban el pelo de los ojos unas manos suavecitas...

¡Era María Luisa! ¡Se había sentado en la cama y me acariciaba!

Y ya no pude más... Corrí a la clase, saqué de mi pupitre los libros más bonitos y se los eché sobre la cama a María Luisa.

–Toma, para ti..., para ti todos. Para que los tires al pozo.

La madre San José se reía.

–¡Pero esta Celia es una locatis!

Don Restituto me hizo sentar en una silla, junto a la cama.

–¿Quieres quedarte con tu amiga?

–Sí, señor.

–Bueno, pues aquí te dejo. No la marees mucho, ¿eh?

Se fue y me quedé con María Luisa y su abuelita.

Pasamos contando cuentos toda la tarde, hasta que la madre Loreto vino por mí para llevarme al despacho de la madre superiora.

–Ya sé que está usted arrepentida, y lo celebro. Pero como necesita usted hacer ejercicios de paciencia, copiará treinta veces la primera página de un libro... El castigo de su pecado lo dejo en manos de Dios.

¡Me entró un susto!

Y desde el otro día empecé a copiar la *Imitación de Cristo.* Hasta que lo vio don Restituto.

–Es mejor que copie otra cosa. Esta chiquilla tiene demasiada imaginación y se nos va a atemorizar... Que copie *El Quijote para niños,* que está en la biblioteca.

He estado copiando no sé cuántos días. Ya estaba aburrida...

Casi no tenía tiempo de ver a María Luisa..., y ahora la quiero mucho.

–No te hemos visto en toda la mañana –me decían.

–Como que he estado escribiendo *El Quijote*. Ya acabo pronto...

La madre San José me advierte siempre:

–¿No se te ocurrirá traerle ninguna porquería de comer a María Luisa?

Pero ella, que es muy golosa, quería un caramelo. Y se lo llevé muy limpito. Hasta bencina le di. No lo pudo comer de mal que sabía.

La abuelita es muy buena y me quiere mucho. Algunas veces me deja que tenga el plato mientras María Luisa bebe la leche...

–Debíamos hacer juntas una novena a la Virgen del Carmen por haber salvado a mi nieta –me dijo–. Pídele a las madres el libro de las novenas.

–No, no. Es mejor que nosotras digamos a la Virgen lo que queramos. ¿Qué sabe el libro lo que le ha pasado a María Luisa? Yo escribiré cada día lo que vamos a decir.

Así lo hemos hecho, y la abuelita está encantada. Se lo cuenta a todas las visitas.

–Esta niña es Celia. Es lindísima. Ha escrito una novena a la Virgen del Carmen, preciosa. También ha escrito un libro de aventuras, y *El Quijote*.

Nunca dice que soy yo la que tiró la piedra... Si lo dijera, pasaría mucha vergüenza...

Unas señoras que vinieron a ver a María Luisa me dijeron:

–¿Eres tú la que ha escrito *El Quijote*?

–Yo misma.

–¡Pues es un libro muy nombrado! También nos han dicho que escribes novenas. A nosotras nos hacía falta que escribieras una para San Pascual Bailón. Mi hermana tiene mucho miedo de morirse sin saberlo.

¡Me han traído frita con la novena! Después he tenido que escribir otra a San Luis y otra a San Antonio...

Y luego han dicho que no era así como las querían... También doña Merlucines baja a la enfermería todas las tardes, y dice que me va a hacer buena.

–Estás arrepentida de lo que has hecho, ¿verdad?

¡Qué manía de hablar siempre de lo mismo!

–Dios, que está en todas partes, lo ve todo. Está en el jardín, en el convento, en tu casa...

–¡En mi casa, no!

–¿Cómo que no? En tu casa también.

–¡Pero como no tengo casa!

¡Ya estaba aburrida! Se lo dije a don Restituto.

–Si siguen viniendo esas señoras a ver a María Luisa, me vuelvo mala otra vez.

–¿Cómo es eso?

–Porque me entran deseos de tirarles una piedra...

–¡Criatura! Después que te han tomado por Cervantes... Mira, mira, más vale que no vuelvas a la hora de visita. Ya se lo diré yo a la madre superiora.

Y desde ese día sólo voy un rato después de cenar.

María Luisa tiene ya mucha hambre, y siempre me pregunta lo que hemos comido.

–Y de postre, ¿qué? ¿No coméis miel ahora?

–No, ahora no hay miel.

–¡Qué lástima! Lo que me gustaría a mí comer una cucharadita de miel...

–Pues ya te la traeré. Me sé una colmena, y la voy a coger mañana. ¿Sabes dónde está? En la ventana de la sacristía. Es una bola que está pegada a la pared.

–¡A ver si te pican las abejas!

–¿Y qué? Si me pican no me importa, porque tú eres mi amiga.

–¿Más que Conchín?

¡Mucho más!... Ya no me junto con ella...

El testamento

Fue horrible lo que me pasó. Acababa de confesarme de nada, porque aquellos días había sido muy buena, y salí de la sacristía.

En la ventana que está sobre el arca grande veía yo la colmena pegada a la pared.

Me subí al arca, abrí la ventana y me senté sobre el alféizar... Hacía mucho sol, y las abejas iban y venían muy contentas alrededor de mí.

Con mucho cuidado despegué la colmena de la pared... Las manos se me llenaron de abejas, y todas las que volaban se me vinieron a los ojos...

¡Madre mía lo que me pasó! Di un grito y ya no vi nada... Sólo oí chillar a Lamparón.

–¡Condenada chica! ¡Que la matan las avispas!

Sentí que me golpeaban la cara y que me cogían..., y me parece que era don Restituto el que me llevaba...

No me acuerdo de lo que ocurrió después, pero al despertarme sentí que estaba en la cama y que tenía la cabeza envuelta en trapos, como María Luisa.

¡Ya me había castigado Dios! ¡Cómo me dolían la cara

y las manos! ¡Además me había quedado ciega!... Me eché a llorar...

–Vamos, Celia, que no es nada. ¿Por qué lloras?

Era la madre San José.

–¡No veo!

–¿Qué has de ver? Tienes los párpados como puños... ¡Buena te han puesto las avispas! ¡Pero tú tienes el malo en el cuerpo!

–¿Me han comido los ojos?

–No, hija, no te apures. Esto no es nada.

Después me dejaron sola. Yo tenía un calor muy grande, que me abrasaba... Sentí que me iban naciendo patas por el cuerpo... Primero tuve cuatro; luego, seis; después, ocho... Eran muy largas y se salían de la cama... ¡Y me dolían! ¡Dios mío, cómo me dolían!

Cambiaba de postura veinte veces para colocarlas mejor, y no podía. ¡Eran tantas!

Oí hablar al médico, y todas las patas se deshicieron. Sólo me quedaron mis dos piernas, que me quemaban...

–¿Qué te duele?

–Las piernas... Antes me dolían las ocho patas...

–¿Qué dices? A ver si te estás quieta mientras te pongo el termómetro...

Me movieron de un lado para otro..., me quitaron y me pusieron otros trapos, y se fueron.

Y otra vez me volvieron a salir las ocho patas... Tan largas, que me arrastraban hasta el suelo..., y tan duras...

«¡Dios mío, me he convertido en un cangrejo!», pensaba.

Oía quejarse a mi lado, con unos lamentos que se me metían en la cabeza y me la hinchaban... Ya la tenía llena, y daba con la frente en el techo...

De pronto sentí que estaba dentro del agua y oí hablar a la madre San José.

–Madre, ¿es verdad que soy un cangrejo?

–Casi, casi. Como un cangrejo cocido sí que estás de encarnada...

–¿Y tengo ocho patas?

–¿Ya estás inventando cuentos?

–¡Madre, dígame la verdad!

–Pues la verdad es que Celia es más mala que un dolor, y que no hemos salido de un susto cuando nos metes en otro.

–¿Por qué estoy en el agua si no soy un cangrejo?

–Porque ha mandado el doctor que te demos un baño... A ver si luego descansas y te duermes.

–¡No puedo! Se están quejando siempre a mi lado...

–¡Pero si eres tú la que te quejas!

–¡Que venga doña Benita! ¡Yo quiero que venga doña Benita!

¡Cogí una perra!...

–¡Que venga doña Benita! ¡Quiero que me cuide doña Benita!

–¿Esa pobre señora que tiene mal la cabeza? No sé si querrá la madre... Vamos, calla y toma la medicina...

–¡No! ¡Que me la dé doña Benita!

¡Qué días pasé! Nunca sabía si era de día o de noche, y sólo pensaba en que viniera doña Benita.

Al fin vino. En seguida que me tocó la frente por encima de la venda la conocí.

–¿Eres tú, doña Benita?

–¡Hija de mi alma! ¿Qué te han hecho estas bribonas?

–¡Chist, calla! ¿No ves que te van a echar? Nadie me ha hecho nada. Es que me han picado las avispas... Vienes a cuidarme, ¿verdad?

–Sí, hija mía. De aquí no me sacan ni a rastras...

–¡Qué bien! ¿Sabes que estoy muy malita?

–No sé nada... Aquí nadie dice nada...

–Pues sí... Ya estoy mejor porque estás tú aquí...

–¡Tesoro mío!

–Ahora rezaremos juntas, y me ayudarás a hacer testamento por si me muero.

–¡Ay, no digas eso, no!

Y doña Benita se puso a llorar, y tuve que consolarla...

–¡Eres tonta! ¿No te acuerdas cómo lo hizo la abuelita? Y tú, ¿no me has dicho que lo llevas siempre contigo?

–Sí..., pero no es igual...; no, no es igual... ¡ay, ay, ay!

Hasta que se cansó de llorar no pude convencerla.

Después lo hicimos.

Ella lo escribió y puso el principio y el fin. Yo le dicté lo demás.

«Yo, Celia, con toda mi razón y dos años más, hago el presente testamento para repartir mis bienes:

A María Luisa, todos mis libros, y el perrito de china con la cesta en la boca, y el lazo del pelo.

A la madre Isolina, todos mis vestidos, menos el azul, que es también para María Luisa, y la medalla del Ángel de la Guarda, porque siempre que paso por su lado me acaricia la cara.

A la madre San José, la cajita de las hebras de seda, con lo que tiene dentro, por lo bien que me ha cuidado.

A Conchín, mis zapatillas y el gatito de porcelana. Le falta una pata, pero se le puede pegar.

A doña Benita, mi dedal de plata, el alfiletero, el papel secante y la cajita de plumas...»

Aquí nos paramos un rato, porque doña Benita rompió a llorar con unos hipidos, que vino la madre San José.

–¿Qué pasa? ¿Qué escribe usted? ¿Es que está escribiendo a los padres de Celia? No lo haga sin permiso de la madre...

–Supongo que en mí no mandará la madre superiora...

–¡Cállate, doña Benita! –le dije, porque estaba viendo que iba a armar otro jaleo como el del domingo.

–Si tiene usted tanta curiosidad por saberlo, sepa que estoy escribiendo el testamento de Celia, y que este ángel de Dios se acuerda de ustedes, aunque no lo merecen...

–¡Jesús mío! ¿El testamento? ¡Pero son ustedes dos criaturas!... ¡De los inocentes es el reino de los cielos!

Y se fue. Nosotras continuamos:

«A la madre Loreto, aunque gruñe mucho, un pedazo de

puntilla que tengo en la caja de los alfileres y la goma de borrar.

A Josefina, veinte céntimos y dos sellos de Francia. También puede coger la cinta azul, que está muy arrugada, pero si la plancha se quedará bien.

Y después de repartir mis bienes, pido perdón a todo el mundo por lo mala que he sido, y me despido hasta el día del juicio final. Amén».

Doña Benita volvió a llorar.

–¡Vamos, cállate y llévame la mano para que firme, porque no veo!

Aunque me parece que ya no me muero, me alegro de haber hecho testamento...

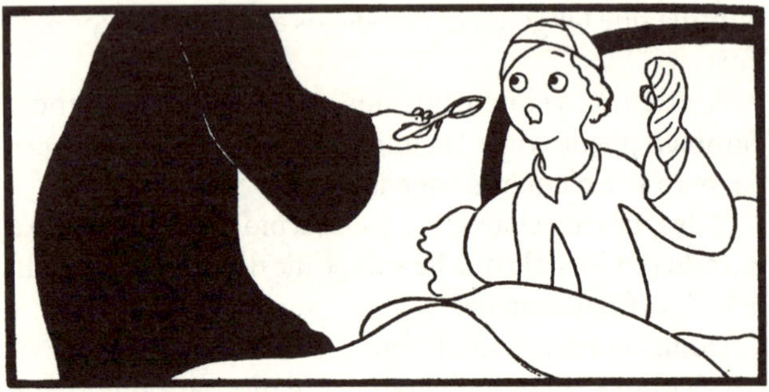

El rayo de sol

¡Qué aburrido es estar mala! Todo el cuerpo me dolía ya de estar en la cama, cuando me dijeron que me iba a levantar.

Pero al día siguiente me puse peor, y ya no me levantaron. Ni al otro, ni al otro.

Doña Benita ya no me cuidaba. Se había tenido que ir muy lejos a cuidar a una hija suya.

La madre San José estaba siempre cosiendo junto a la ventana, y sólo se acercaba a mí para darme la medicina.

Tampoco las niñas venían a verme. Ni siquiera María Luisa, que es mi amiga:

–Madre, ¿por qué no vienen a verme las niñas?

–Porque se les ha prohibido por miedo al contagio. Pero todos los días preguntan por ti, y la madre Consuelo les dice, antes de empezar la clase, cómo has pasado la noche.

–A mí no me importa que pregunten por mí... Yo quiero que vengan a verme...

–Bueno, bueno. Toma la medicina, y a ver si eres razonable.

Todas las mañanas, muy temprano, entra un rayo de sol en la enfermería.

Primero da en un rincón, después se va corriendo hacia el cuadro del Ángel de la Guarda, y el Ángel se ríe...

Luego, despacito, despacito, se pone en mi almohada y se sube a mi cara.

Está caliente y suave. Tengo que cerrar los ojos, y entonces todo lo veo de color de rosa. En seguida me acaricia las manos y se baja a los pies de la cama; después se echa en el suelo y se va...

–¡Adiós, hasta mañana! –le digo.

–¿Con quién hablas? –dice la madre.

–Con el rayo de sol. Ya se ha ido. ¿De dónde viene?

–De muy lejos.

–¿De Pekín?

–Justo, de allí mismo.

–¿Habrá visto a papá y a mamá?

–Seguramente. Ahora se va a visitar a todos los niños que están enfermos como tú. Dios es misericordioso...

–¡Ah! ¿Es que Dios le manda que venga?

–¡Claro! Nada se hace sin su voluntad.

¡Qué cosas! Desde entonces lo esperaba todas las mañanas para preguntarle de dónde venía y si había visto a papá.

–Buenos días. ¿Vienes muy cansado? ¡Si vieras! Yo también lo estoy. No he dormido nada, nada. ¡Está la almohada tan dura! ¿Has visto a papá? ¿Qué dice? ¿Va a venir a buscarme?

Una mañana me dormí, después de esperarlo mucho tiempo, y aún estaba dormida cuando llegó.

De pronto sentí que me besaba y abrí los ojos... Los tuve que cerrar en seguida, porque me daba el sol en ellos.

–Madre San José, ¿quién me ha besado?

–Nadie. ¿Quién te va a besar?

¡Es verdad! Desde que se fue doña Benita, nadie me besa. Las madres no saben.

–Pues entonces me ha besado el rayo de sol...

–Es posible.

Yo le di cuatrocientos besos..., hasta que se fue por la cama abajo y se cayó al suelo.

Aquel día fue el primero que me levanté.

Por la noche estaba tan cansada, que cuando me puse a rezar las oraciones me quedé dormida.

–Celia, contesta, que te duermes –decía la madre.

–¡Es que tengo un sueño!

–Vamos, que ya nos falta poco.

Hice todos los esfuerzos para seguir con los ojos abiertos, pero se me cerraron tantas veces, que una de ellas ya no los abrí...

Por la mañana me desperté muy temprano para esperar el rayo de sol.

Había poca luz en la enfermería, y creí que aún faltaba mucho para que llegara. Esperé, esperé...

–Madre, ¿es que no viene el rayo de sol?

–No, hoy no lo esperes. Está lloviendo.

¡Qué pena me dio! No lloré porque estaba sola... Cuando vino la madre con el vaso de leche, me volví de espaldas.

–Vamos. ¿Qué te pasa?

–Estoy enfadada con el rayo de sol...

–Sí, puedes estarlo... Después que tú has tenido la culpa, por no rezar anoche...

Toda la mañana estuvo muy oscuro, y a mediodía empezó a tronar.

–Madre, levánteme.

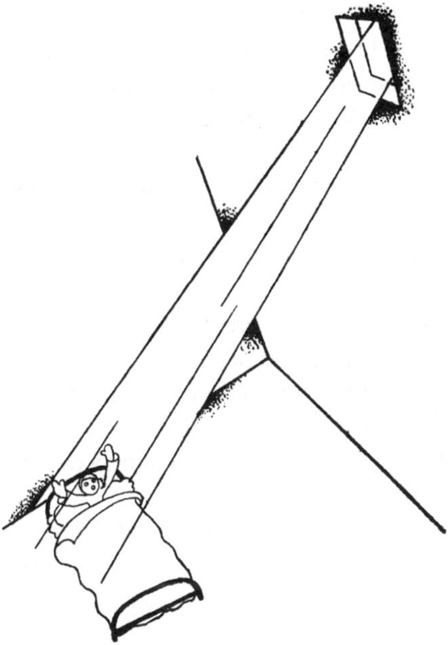

–No, hoy no hace día para que estés levantada.

¡Daban unos truenos! De pronto dio un relámpago que iluminó toda la enfermería, y luego un trueno horroroso... Temblaron todos los cristales.

–¿Qué ha pasado?

La madre salió a la galería, y supe que había caído un rayo en la torre.

–¿Es el rayo de sol, madre San José?

–¿Qué dices criatura? Parece que estás siempre delirando...

Por la tarde vino a verme la madre superiora. ¡Ya se lo habían contado!

–¿Cómo se encuentra usted?

–Bien... Muchas gracias.

–Ya dentro de unos días podrá asistir a clase... No olvide ahora rezar sus oraciones en acción de gracias.

–Es que anoche tenía mucho sueño. Ya no volverá a ocurrirme...

–¿Se ha asustado usted mucho con la tempestad?

–¡Mucho!

–¿Ya sabe usted que se ha estropeado la torre?

–Sí, madre.

–Debemos estar siempre prevenidos... «Velad y orad para que no caigáis en tentación.»

No me dijo más, pero debía de estar muy enfadada... Yo me eché a llorar.

–¡No llore usted! ¿Es que se encuentra peor?

–No, no es eso...

–¡Vaya, nada de mimos! Esta enfermedad puede ser de grato fruto para su alma. En estos últimos tiempos me ha dado usted muchos disgustos, y es preciso que ahora se regenere...

Me pasé el día rezando.

La madre San José me contó que el rayo había roto muchas tejas de la torre. Después había bajado por un alambre y se había caído al pozo.

–Y ahora, ¿dónde está?

–No sé....

–¿Estará en el infierno?

–Es posible.

–Entonces es que Dios le ha castigado por no venir a verme esta mañana... ¡Pobrecito rayo de sol!

–Vaya, a callar... Todo cuanto se te dice sirve para trastornarte esa cabeza loca...

No podía dormir, pensando en el pecado tan grande que había hecho con no rezar.

Y por la mañana no quería abrir los ojos. ¿Para qué? ¡No había rayo de sol! Me volví de cara a la pared.

Y me estaba durmiendo, cuando sentí un calorcito en el cuello... ¡Era él!

–¡Madre San José! ¡Ya está aquí, ya está aquí, ha salido del pozo!

–¡Calla! ¡Pero no grites de ese modo!...

¡Qué contenta estaba! El rayo de sol calentaba más que nunca. Me pasó por los ojos, por la frente, por las manos.

Y ya ha vuelto todos los días.

Celia y San Pedro

Cuando aún estaba mala, tomaba el sol en la galería que da a la plaza y me entretenía viendo pasar la gente.

Todos los días venía un viejecito, lleno de rotos, con barbas blancas, y un perro cojo.

Se sentaba junto a la puerta de la iglesia, y allí estaba, rasca que te rasca, mientras pedía limosna.

–¡Chist! ¡Chist! –le llamaba yo.

Un día me hizo caso.

–¿Qué quieres? ¿Me vas a echar algo?

–Soy Celia. ¿Eres tú San Pedro?

Me dijo que sí, y luego alargó el plato que tenía en la mano, para que le echara dinero.

–¡No tengo! Cuando me traigan la comida, te guardaré el postre... Todo, no, porque me gusta mucho: un poquito.

Por la tarde le tiré media manzana envuelta en un papel.

Llovía mucho, y cuando anocheció, el viejecito seguía allí con su perro; y los dos empapados de agua.

–Vete, San Pedro, que te vas a constipar...

Me contestó muchas cosas; pero como tiene tanta barba, y la boca escondida detrás, pues no se le oye.

Sólo le entendí que no tenía dinero y que no podía pagar la posada.

Por la mañana había estado a verme doña Merlucines, y se dejó en su silla un pañuelo con un nudo en la punta y perras dentro. Se lo eché a San Pedro.

–¡Dios te bendiga, hermosa! *¡Pilatos,* salta por ella!

Y el perro dio una voltereta en el aire... Les eché besos con la mano, y se fueron.

Luego vino doña Merlucines a buscar su pañuelo.

–Se lo he dado a San Pedro.

–¿A San Pedro?

–Sí, a San Pedro y a *Pilatos,* porque estaba lloviendo.

¡Cómo se enfadó! Dijo que yo era una embustera y una ladrona, y que se lo iba a decir a la madre.

No le hice caso. Había salido el sol por entre una nube, y yo me entretenía en verlo a través de mis manos. ¡Se me han quedado tan delgaditas!

–Pero ¿es que no me contestas?

–Yo le devolveré a usted el dinero.

–Sí, no sé cómo me lo vas a devolver.

–Pues yo sí. Cuando esté buena, pediré un día limosna en la puerta de la iglesia, y le daré lo que me den.

–¡Qué disparates!

–¿Que no lo hago? Pues venga usted a la puerta a pedir conmigo, y lo verá.

–¡Corriendo!... Como que yo voy a pedir limosna contigo en la puerta de la iglesia...

–Entonces tome usted este plato y pida sola...

Se fue furiosa, y al día siguiente no vino y se lo contó a la madre.

–¿Qué historia es esa de San Pedro? –me dijo la madre Loreto, cuando vino a verme.

–No es ninguna historia. San Pedro es ese viejecito que está allí con el perro cojo...

–¿Aquel que está sentado en la piedra? Pues yo no veo que sea cojo el perro...

–Es que sólo es cojo cuando anda...

–¡No diga tonterías! ¿Y por qué le ha dado un dinero que no era suyo?

–Porque mío no lo tengo.

–¡Virgen Santísima! ¡Ya empieza usted a darnos disgustos!

Y a la hora de comer no me dieron postre, en castigo; pero un poco más tarde vino una hermana lega con tres nueces.

–¡Me lo ha dado para ti el Ángel de tu Guarda!

–¡Y tú te has comido la mitad, porque siempre me dan seis!...

–¡Que Dios te perdone el mal pensamiento!

Estoy segura de que se las ha comido; pero luego, con decir eso con la voz muy gangosa, ya está...

También se las di a San Pedro, y me quedé sin postre.

Lamparón y Pronobis me hablaron desde la plaza.

–¿Ya estás buena?

–Sí...

–¿Cuándo empiezas a hacer diabluras?

–Pronto. Escuchad. ¿Conocéis a San Pedro?

–¡Anda ésta!

–Sí; es ese viejo que pide limosna en la puerta...

–¡Ah! El tío borracho de las barbas... ¿Qué le quieres?

–Debíais dejarle dormir en la iglesia.

–¡Ni más ni menos!

–Es que no tiene casa... ¿No veis que es San Pedro?

–¿Te lo ha dicho él?

–Sí. Si le dejáis dormir dentro esta noche, que va a llover, mañana os regalo una caja de estampas.

–Es poco...

–Y una pluma estilográfica...

Se miraron los dos y hablaron bajo.

–Bueno, pues sí; pero nos las tienes que dar ahora.

–No, mañana.

–Bueno. Y ahora, ¿dónde buscamos al viejo? Vamos a cerrar la iglesia.

–Estará en la taberna –dijo Pronobis–. ¡Allí está siempre!

–No le busquéis. Él vendrá cuando empiece a anochecer. Duerme en la puerta de la iglesia.

Aquella noche dormí más tranquila. Oía llover, y pensaba que San Pedro estaría durmiendo junto a la estufa de la capilla grande...

De pronto me desperté asustada. Tocaba la campana del jardín, y corrían por la escalera. La madre San José pasó corriendo junto a mi cama, y le oí decir: «¡Jesús mío, ten misericordia de nosotras!».

–¿Qué pasa?, ¿qué pasa?

Nadie me contestó; pero oí cuchichear en la galería:

–¡Hay fuego en la iglesia! Ha venido Juanón a avisar.

–¡Las llaves! ¿Dónde están las llaves? Que vayan a buscar las llaves.

Me asomé a la ventana de la galería, y vi humo en el jardín... La madre San José vino a mí corriendo.

–¿Qué haces aquí? Anda, anda a la cama...

Y me hizo acostar.

Al otro día, la iglesia tenía ahumadas las ventanas, pero no se le había roto nada... Me atreví a preguntar:

–Diga, madre, ¿qué ha pasado en la iglesia anoche?

–¡Más te vale callar! Miguelito lo ha confesado todo, y figúrate cómo está la madre superiora contigo...

–¿Quién es Miguelito?

–De sobra lo sabes: un monaguillo.

–Será Lamparón.

–Pero ¿en qué cabeza cabe dejar a ese hombre borracho en el cuartejo que está junto a la iglesia?

–¡Ah! Yo dije que le metieran dentro, para que se calentara en la estufa... ¡Qué tontos!

–¿Pero es que te parece poco lo que ha pasado? ¡Eres insoportable! ¿No ves que ha prendido fuego con el cigarro y ha podido quemarse toda la iglesia? ¡Dios mío, qué disgusto! Con sólo asomar la cabeza fuera de la ventana, ya nos has proporcionado a todas un trastorno horrible. En fin, ya verás, ya verás... ¡Claro que no eres tú sola la que tiene la culpa!

–¿Cómo le vamos a dejar que se moje, si es San Pedro?

–Él, San Pedro, y tú, el diablo... ¡Dios me perdone!...

¡Qué enfadada está conmigo!

Ya no he vuelto a la galería a tomar el sol...

Sin pies ni cabeza

Lo de la iglesia fue más de lo que yo creía. Se ha ahumado toda y se han chamuscado las colgaduras. Me lo ha dicho la madre San José.

–Ya te puedes preparar. La madre superiora sabe que tú has tenido la culpa, y hoy va a subir a verte...

–¿Hoy? Pues precisamente hoy voy a empezar a estudiar ya.

Puse junto a la ventana todos los libros, y en cuanto sentía pasos estudiaba a gritos, metiendo la cabeza en el libro.

–¡Celia! –oí decir. ¡Era la madre superiora!

–¿Qué? Estoy estudiando... Siéntese en esa silla...

–¿Pero qué respeto es ése? ¿No ve usted que soy yo?

–¡Ah! Pues siéntese en dos sillas...

–¡Es usted una niña muy mal educada! Está haciéndose odiosa a todas las madres...

–¡Pues yo las quiero a ellas! A la madre Isolina la quiero mucho, y a la madre San José..., y hasta a la madre Loreto...

–¡Hay que querer a todas lo mismo en el Sagrado Corazón!

–¡Claro! Pero como no me quieren a mí... No hacen más que reñirme...

–¡Cierre esa ventana, que hace en la calle mucho frío!

–Bueno, la cerraré... Ya verá cómo, aunque la cierre, sigue haciendo el mismo frío en la calle...

Cuando me volví, la superiora se había ido... ¡Se había enfadado!

A los dos días trasladaron de convento a la madre Isolina, y se fue... Ni siquiera me dijo adiós... ¡Ha sido por mi culpa! Por decir que la quería mucho...

He estado tres días sin comer, de pena..., y pensaba estar siempre; pero no he podido, de hambre que tenía.

En lugar de la madre Isolina ha venido otra madre jovencita, que se llama María de las Nieves.

Y a ella le han encargado lo del arreglo de la iglesia. Porque había que arreglarla antes del santo de la madre.

Yo ya estoy buena del todo. Voy a clase, estudio en el jardín y como en la mesa con todas. Pero la madre no me mira siquiera...

El día de su santo nos pusimos muy elegantes, desde por la mañana, para bajar a la misa.

La iglesia estaba toda blanca y nueva. Al entrar, todas las niñas volvieron la cabeza a mirarme, y se reían...

Bueno, ¡siempre tengo yo la culpa de todo!

Luego nos dieron el desayuno con bollos, y entramos todas a felicitar a la madre.

Una por una le fueron besando el rosario. Y ella les decía que fueran aplicadas, que fueran siempre buenas... Yo no me acerqué.

–Celia, ¿qué es eso? Todas las niñas me felicitan y usted no...

¡Qué alegría! ¿Así es que no estaba enfadada conmigo?

–Madre... ¡Es que creí que habíamos regañado!

No dije más; y ¡cómo se enfadó!

–¿Pero qué falta de respeto es ésta? ¡Salga usted inmediatamente! Hoy no tomará parte en la recreación.

Salí al jardín. Estaba muy triste; pero no quise llorar, porque en seguida se me llena la cara de chafarrinones.

La madre María de las Nieves andaba de un lado para otro.

–¿Qué ha hecho usted?

–Nada.

–Algo habrá sido... No entre ahora en el salón, que lo estamos arreglando... ¡Dios mío, creo que voy a perder la cabeza con este jaleo!...

Se fue y la perdió. Lo supe por la tarde.

Como estaba castigada, me pasé casi todo el día en el jardín, y oí hablar a dos madres, que decían:

–Ha sido demasiado para ella sola... Entre el salón, la iglesia y el refectorio, ha perdido la cabeza... Veremos lo que dice la madre ahora, al ver el estropicio.

No podía yo figurarme cómo estaría sin cabeza la madre María de las Nieves.

Y como no tenía otra cosa que hacer, me puse a buscarla entre las matas y los rosales.

María Luisa vino a verme, cuando se acabó la recreación.

–¿No sabes lo que ha pasado? Se ha roto la araña grande y ha caído sobre el altar de San José... ¿Y tú qué haces?

–Buscar la cabeza de la madre María de las Nieves, que se le ha caído.

–¡Huy! ¿Sí? ¿La has visto tú después?

–No. ¡No podrá andar sin cabeza!

–¿Pero cómo lo sabes?

–Porque se lo he oído decir a las madres... Búscala en el salón, tú que puedes entrar.

–¿Y si se la han comido los gatos?... He visto a la *Rabona* comiendo no sé qué.

Corrí detrás de la gata, pero se metió por la ventana del sótano... No llevaba nada en la boca...

Hacía frío, y subí al cuarto de arriba. En la escalera me encontré con doña Merlucines.

–¿Dónde vas? ¿Qué tienes tú que hacer aquí?

–Estoy castigada, y no sé dónde estar...

–No, pues en mi cuarto no entres, que luego me lo revuelves todo.

Llevaba un paquete escondido debajo de la toquilla. Se metió en su cuarto y cerró la puerta.

Yo miré por la cerradura, y vi cómo guardaba el paquete en su baúl.

Bajé otra vez. Vi luz en el despacho de la madre superiora, y miré dentro. Estaba de espaldas a mí.

Abrí la puerta y la volví a cerrar, y otra vez a abrirla y a cerrarla otra vez.

–¿Quién anda ahí? –dijo la madre–. Que salga o entre, y no moleste más.

Entonces entré y me quedé callada, esperando que me dijera algo. ¡Como se enfada en seguida!... De pronto se volvió.

–¿Qué hace ahí? ¿No le he dicho que no la quiero ver? ¿Quién le ha dado permiso para entrar?

–La madre me ha dicho que pase... Yo venía a pedirle perdón...

–¿Está de verdad arrepentida?

–Sí... Y a decirle que ya sé dónde está la cabeza de la madre María de las Nieves. La tiene doña Merlucines en su baúl.

–¿Pero qué está usted diciendo, criatura? No tengo más remedio que escribir a sus padres, dándoles cuenta de su mal comportamiento...

La madre salió a la galería y me hizo salir a mí. Vino la madre Loreto, hablaron y me acostaron sin cenar...

Por inventar mentiras y faltar al respeto a las personas mayores...

El santo de Celia

Se iba acercando el día de mi santo, y nadie decía nada. Papá y mamá están tan lejos, que se les habrá olvidado; doña Benita no sé dónde está...

¡El año pasado me regalaron diez perritos! Este año nadie me regalará nada, y será un día como todos... ¡Estoy sola y nadie me quiere!

¡Me entró una lástima de mí!...

–¿Qué le pasa a usted ahora? –me preguntó la madre Loreto.

–Estoy muy triste... Va a ser mi santo, y estoy sola...

–Dios Nuestro Señor es nuestro padre, y no nos abandona nunca. Encomiéndese a Él.

Yo lo que quería era un regalo, aunque fuera chiquitín, y le escribí una carta explicándoselo:

«Señor mío Jesucristo: Este año estoy sola, y no tengo quien me regale nada el día de mi santo. Regálamelo tú, que eres mi padre. A María Luisa le trajo su abuelita un oso, y a Josefina le han regalado un juego de cacerolas. Yo me conformo con lo que Tú quieras mandarme. Señor mío Jesucristo, te quiero mucho.–*Celia*.

P.D.–Hace ya muchos días que soy buena».

Lo escribí en un papel de color de rosa; pero no tenía sobre y fui preguntando a todas:

–¿Tienes un sobre?

–¿Para qué?

–Para escribir una carta.

–¿A quién?

–¿A ti qué te importa?

–¡Huy, qué niña! Si ya sé que es para Conchín.

–¡Mentira!

–¡Verdad! Ayer te estaba escribiendo ella.

–¿Y tenía sobres?

–¡Claro! Con una estampa encima...

El caso era que yo estaba regañada con Conchín...

–Oye, Conchín. ¿Te juntas conmigo?

La tonta me volvió la espalda.

–Si te juntas conmigo, te diré un secreto muy grande que no sabe nadie...

–¿Qué es? Sí, me junto... Eres tú la que ya no quiere a nadie más que a María Luisa.

–¡Qué tonta! ¡Y a ti!

–Pero a ella más.

–No lo creas... A las dos igual.

–¡Pues no quiero! Antes me querías a mí más...

–Y ahora... Fíjate, a ti te voy a decir un secreto si me das un sobre, y a ella no le diré nada.

–Bueno. Toma el sobre y dímelo –y me daba un sobre roto.

–No, éste no lo quiero. ¡Si tú supieras para quién es!... Tiene que ser el más bonito que tengas...

–Si te lo doy ¿me dirás el secreto?

–A toma y daca...

Me dio un sobre con un perrito pintado, que estaba muy bien, y yo le dije para lo que era.

–No se lo dirás a nadie, ¿eh?...

–A nadie, a nadie. ¿Cómo te mandará el regalo Nuestro Señor?

–Con el cartero creo yo.

–En el sobre puse, con letra muy clara: «Para Nuestro Señor Jesucristo, de Celia».

Y al otro día, cuando salimos de comulgar, me quedé escondida detrás de la capilla de la Virgen.

–¡Chist! ¡Lamparón! ¿Me quieres echar esta carta, y te doy un lápiz encarnado?

–¿Para quién es?

–Míralo...

–¿Para Nuestro Señor?... ¡Anda qué gracia! ¡Como que va a llegar!

–Pues sí que llegará. Todas las cartas llegan. ¡Me ha escrito papá una carta desde Pekín, y ha llegado!... Y ya ves tú si está lejos...

–¿Y qué? Más lejos está el cielo...

–No está más lejos... Y además está encima...

–Pues mándala con un globo...

–No, no; tú échala al correo.

–¿Al correo? *Pa* mí que sería mejor echarla al buzón de las ánimas, a ver qué pasaba... Además, no tiene sello.

–¡Hijo, eres tonto! ¿Para qué quiere un sello Nuestro Señor?

–Bueno, pues dame un lápiz y ya veré yo... ¡A ver si me vas a meter en un lío como el de San Pedro!...

–¡Que la eches con cuidadito! ¡Que no la pierdas! ¡A ver si manchas el sobre con los dedos!

Desde aquella mañana soñaba yo todas las noches con el regalo.

Cuando me fui a confesar, me pareció que don Restituto sabía algo... ¡Ese tonto de Lamparón!...

–¿Cuándo es tu santo? –me dijo.

–Pronto... El día de Santa Cecilia.

–¿Esperas muchos regalos?

–Uno solo... Me lo traerá el cartero.

–¿Estás segura?

–¡Ya lo creo! Segurísima... Hace muchos días que soy muy buena.

–¡Cuando tú lo dices...!

Llegó el día de mi santo, y no había podido dormir por la noche... En clase no entendía nada... De pronto se abrió la puerta y apareció la madre María de las Nieves, que me miraba sonriendo.

–Que salga Celia... El cartero ha traído un paquete para usted...

¡Cómo me latía el corazón! ¡Si casi me dolía!...

En el zaguán estaba don Restituto, con un paquete lleno de sellos en las manos.

–¿Era esto lo que esperabas?

–Sí, señor...

Quería desatarlo, y no acertaba, de nerviosa que me había puesto. La madre me trajo unas tijeras, y corté las cuerdas... Apareció una muñeca preciosa. ¡Con una carita!... ¡Como que ha venido del cielo!

–¡Preciosa, rica, cielo, corazón! ¿Cómo te llamas tú? ¡Ay, hija de mi alma!

–Bueno, bueno. ¿Pero quién te manda eso? –dijo don Restituto.

–¡Nuestro Señor Jesucristo!

–Bien, pues guarda el secreto. No conviene que se enteren las demás niñas, porque cundiría el ejemplo y no sé lo que iba a ocurrir... Aquí también hay unos caramelos que deben ser para ti...

Al otro día escribí dando las gracias:

«Señor mío Jesucristo: La muñeca es preciosa y se llama Celinda, porque ha venido del cielo. Otra vez no mandes nada fuera del paquete. El cartero es un bribón y se ha comido la mitad de los caramelos... Además, ¡qué malos eran los caramelos! Los han debido comprar sin que Tú te enteres. Voy a ser buena una semana entera. Celinda y yo nos ponemos de rodillas y te besamos los pies.–*Celia*».

A casa de María Luisa

Hay muchas niñas en la enfermería. Pues yo he rezado todas las noches; no se me ha olvidado ninguna, desde el día que cayó la chispa en el pararrayos de la torre...

Así que del sarampión no tengo yo la culpa.

Hace más de ocho días que se suspendieron las clases y nos trasladamos de dormitorio.

Doña Merlucines rabiaba, porque estábamos cerca de ella y hacíamos ruido al levantarnos.

Y eso que las niñas se iban marchando. La madre superiora escribió a sus papás, y se las fueron llevando a sus casas.

¡Qué contentas estaban! Como que este año las vacaciones van a durar mes y medio. Me lo ha dicho Juanón.

La superiora me preguntó que si yo no tenía a nadie en Madrid.

–Sí tengo. Papá me ha dicho que *Pirracas* está en la portería de la casa.

–¿Y quién es *Pirracas*?

–Una gata muy bonita. ¡Bien contenta se pondría de verme!

–Y aquella pobre señora que venía a verla, ¿sabe usted dónde está?

–¿Doña Benita? Ya lo creo que lo sé.

–Bien. Pues va usted a escribirle diciendo lo que pasa. Es mejor que le escriba usted, porque como tiene así la cabeza... La madre Loreto le dará papel. Cuando termine, me lleva la carta al escritorio.

Me dieron un papel grande con rayas, para que no me torciera, y en seguida me puse a escribir:

«Querida doña Benita: Ya estoy buena, y al fin, no me convertí en cangrejo. La madre María de las Nieves perdió la cabeza, y la estuvimos buscando toda la tarde. Creímos que se la había comido la gata o que estaba en el baúl de doña Merlucines. Ya la ha encontrado. A la perra de Juanón le han traído muchos perritos. Uno se llama Nicolás; otro, Belmonte, y otro, Bertoldini. He encontrado unas gafas rotas y las guardo para ti. Tú decías que en Pekín no hay carteros, y sí los hay. Me lo ha dicho una madre que lo sabe. Te quiero mucho, porque eres muy guapa. Y no te escribo más porque oigo en el jardín a Bertoldini, que se está pegando con Belmonte».

Bajé a separarlos, y luego entré en el escritorio de la madre.

–Ya tengo escrita la carta.

La madre la cogió, y parece que no le gustaba lo que había puesto. ¡Estaba más seria!

–¡Es usted tonta! ¡Cuenta mil simplezas, y de lo que importa no dice nada! ¡Rompa esa carta ahora mismo! Yo le daré un borrador y usted lo copiará.

¡Me escribió una carta más sosa! Todo era que si la Santísima Virgen había dispuesto..., que si Nuestro Señor quería probarnos... y que viniera por mí.

Esto es lo único que me pareció bien.

Me hizo sentarme a la mesa y copiar allí. Después la madre la leyó y la puso en un sobre.

–Dígame usted las señas.

–Pues... doña Benita.

–¿Apellido?

–No se llama más que eso... Sí, sí, se llama otra cosa. Lo leí en una tarjeta, pero se me ha olvidado lo que era... Yo creo que poniendo doña Benita...

–¡Vaya por Dios! ¿Y dónde vive?

–Pues en su pueblo... En el pueblo de doña Benita.

–¿Cómo se llama ese pueblo?

–Eso nada más... Ella siempre dice mi pueblo, y todos decíamos el pueblo de doña Benita...

–Entonces, ¿es que usted no sabe las señas? Probablemente ni siquiera dónde cae ese pueblo dichoso...

–Sí, eso sí; en Andalucía.

–¡Bendito sea Dios, y cómo me ha hecho usted perder el tiempo! Váyase a sus quehaceres y déjeme tranquila...

Pues mis quehaceres ahora son coser en la galería que da a la plaza y estudiar las lecciones que sube a tomarnos la madre Consuelo.

Rosita y Josefina eran las únicas niñas que quedaban, porque son de muy lejos; pero una tarde vinieron a buscarlas, y se las llevaron. También se fue doña Merlucines, y ni me dijo adiós...

¡Qué aburrida me quedé! Y ahora, ¿qué voy a hacer yo sola?

Vino a buscarme la madre Loreto.

–Baje al salón de visitas, que la están esperando.

–¡Huy! ¿Quién ha venido a buscarme?

–Es para resolver si va usted a pasar las vacaciones fuera.

En el salón encontré a la madre superiora y a María Luisa con su abuelita. Todas me miraban... Dijo la madre:

–Esta señora viene a ofrecer su casa para que usted pase las vacaciones.

–¡Sí, sí!

¡Me puse más contenta!

–Pero antes he creído mi deber advertirle sus condiciones especiales –siguió diciendo la madre.

–¡Yo seré buena!

–Así lo espero. Pero es preciso que solemnemente nos lo prometa.

–¿Cómo?

La abuelita de María Luisa dijo:

–Verdaderamente, después de lo que la madre me ha dicho, no sé...

–¡Sí, abuelita, sí! –decía María Luisa–. Celia será buena. Ya verás...

–Es que si en lugar de darme las dos juntas menos guerra, meto en casa un diablo que me lo revuelve todo...

–No, señora, yo no revolveré nada –dije.

¡La madre tenía la culpa si no me quería llevar!

–¡Abuelita, que yo la quiero mucho! ¡Que ella será buena! –y María Luisa empezó a llorar.

Entonces yo me eché a llorar también.

–Bueno, bueno; que sea lo que Dios quiera. Me la llevo. Vamos, hija, vamos a casa.

Yo estaba tan contenta, que me cogí de la mano de María Luisa y me iba por la galería sin acordarme de más.

–¿Es así como se despide usted? ¿Pero no ve que va sin abrigo y con la cabeza al aire? –dijo la madre superiora.

–¡Huy! No me daba cuenta...

–Pues hay que darse cuenta de todo.

Me volví y besé a la madre el rosario.

–Que sea buena y se acuerde de lo que nos ha prometido.

Entré a buscar el abrigo y el sombrero.

–¿Y mi muñeca, madre Loreto? Mi muñeca, que nos vamos corriendo...

Salimos al jardín, y después a la carretera. María Luisa y yo siempre de la mano, y su abuelita detrás.

–Hay que ser buenas, porque la abuelita está triste, ¿sabes? Ha recibido una carta del tío Antonio, que está en América...

–Nosotras haremos que se ría... Ya verás... ¡Mira una vaca! ¡Cuántas ovejas!...

–En casa tenemos un gatito, y una perra que se llama

Lily, y una cotorra. Vamos a hacerle un vestido a la muñeca, ¿quieres?

Había llovido, y ¡olía más bien! Yo respiraba muy fuerte, muy fuerte, y casi se me saltaban las lágrimas de alegría...

Me escapé por la ventana

La abuelita de María Luisa daba unos suspiros que asustaba, y yo quise hacerla reír.

–Ya verás cómo se ríe hoy a la hora de comer.

Me pinté bigotes con carbón y me hice una nariz grandísima con pan mascado. Después me senté a la mesa muy seria, como si no llevara nada.

María Luisa, al verme, empezó a reír, a reír, y se tiró al suelo de risa. Su abuelita me miró entonces.

–Pero ¿qué porquerías te has puesto en la cara? ¡Vete a lavar ahora mismo!

¡No le hizo gracia ninguna!...

Otro día le puse a la gata unos zapatos de cáscaras de nueces.

La abuelita nos dijo por la mañana:

–No he podido dormir. Toda la noche se han oído pasos por la casa. ¿No lo habéis sentido?

La Petra, que es una criada que se mete en todo, contestó:

–¡Ay, señora! Yo he oído ruido de cadenas y resoplidos... ¡Madre mía del Calvario, que no sea el alma en pena de don Toribio!

–¡Qué ha de ser, mujer, qué ha de ser!

–Será la gata con los zapatos que le ha puesto Celia –dijo María Luisa.

Tampoco se rió esta vez. Al contrario, se enfadó muchísimo conmigo, porque la gata está coja.

También até una vez los cubiertos a la pata de la mesa, y sólo nos reímos María Luisa y yo. ¡Qué señora! ¡No le hace gracia nada!

Si hubiera hecho la mitad en el colegio se mueren de risa las niñas...

Lo peor ha sido el día de su santo.

Por la tarde, a la hora de la merienda, entré en el comedor con la perrita debajo del brazo para darle un terrón de azúcar.

Y me encontré con que había en la mesa tres chocolates servidos, una fuente de natillas, una bandeja de pasteles, yemas, nata y qué sé yo cuántas cosas ricas.

Creí que todo eso era para nosotras y, ¡claro!, lo probé.

Metí un dedo en las natillas y lo chupé. ¡Qué buenas estaban! Cogí un pedacito de yema, probé el chocolate con la punta de la lengua... y oí ruido... ¡Era la abuelita que me miraba desde la puerta!

Me asusté tanto, que solté la perrita y se cayó sobre las jícaras de chocolate... Yo salí corriendo a esconderme entre el portier del pasillo.

–¡Jesús, José y María! –decía la abuelita–. Si me lo cuentan, no lo creo... ¡Habráse visto mayor atrevimiento! ¡María Luisa! ¡María Luisa! ¡Hija!

Vinieron María Luisa y la Petra, porque ¡daba unas voces!...

–¿Qué te parece lo que ha hecho tu amiguita Celia? ¿No tenía yo razón no queriéndola traer a casa? ¡Si ya me lo advirtieron las madres!... Pero tú, terca que terca: «Abuelita, que venga con nosotras. Abuelita, que la quiero mucho».

–¡Pero si habrá sido sin querer! –decía María Luisa.

–¿Sin querer? Si la he visto yo desde la puerta meter el dedo en todo... ¡Y don Romualdo y su hermana que van a pasar ahora!... ¡Dios mío, qué desastre! Y tú, Petra, ¡qué haces ahí como un pasmarote? Ya puedes hacer otros chocolates y recoger lo que se ha caído... y quitar el mantel... ¡Jesús, Jesús! Yo me voy al salón, que los he dejado solos...

Se fue, y también la Petra con el mantel y las tazas rotas. Yo salí de entre la colgadura.

–¡Anda! ¡Buena la has hecho! –me dijo María Luisa.

–¿Quién hay en el salón?

–Don Tiburón, el boticario, y doña Merlucines, su hermana... ¡Qué ricas están las natillas!

–Muy ricas... ¿Pero doña Merlucines viene aquí?

–¡Claro! ¡Pero no te comas otra yema, que lo van a notar! ¡El chocolate sí que está bueno!

–Lo mejor es el pastel del centro.

–Lo ha hecho la abuelita para mí... Te daré la mitad esta noche.

–¿Y si se lo comen?

–No, no se lo comen... Como tiene la flor...

Vino la Petra y empezó a gruñir.

–¿Qué estáis haciendo? ¡Anda, que ya os podéis preparar! En mal día se os ha ocurrido hacer diabluras. Ahora el boticario mandará que os encierren en la cueva, y como la señora le hace siempre caso...

–¡Porque él lo diga nos van a encerrar!

–Ni más ni menos. ¿Por qué te quedaste el otro día sin postre? Pues porque él lo dijo. ¿Por qué no me deja salir la señora los domingos? Porque al Tiburón se le ha antojado. No, si diciéndolo él, boca abajo todo el mundo... ¡Ea! Esto ya está. Que no toquéis nada, ¿eh?

Y se fue. Yo estaba fastidiada con ese Tiburón que iba a mandar castigarnos.

–Es muy malo, ¿verdad?

–Muy malo... Y doña Merlucines es peor. No se lo vayas a llamar aquí, que la abuelita se enfadaría... ¡No toques nada, que lo van a notar!

–¡Mira qué graciosa! ¡Como si no estuvieras metiendo el dedo en todo! ¿Quieres que le pongamos esto en la silla al Tiburón?

Era liga de cazar pájaros que me había dado en una cajita de hojalata el chico de la lavandera.

–¡Sí, sí, pónselo!

Ya venían.

–Pasen, pasen por aquí –decía la abuelita–. Ahora nos traerán la merienda.

Pero al vernos se asustó.

–¿Estáis aquí todavía? ¿Qué hacíais, qué hacíais?

–Nada, señora. ¿Qué han de hacer? Meter el dedo en todo –dijo doña Merlucines.

Se sentaron, y la abuelita les acercó la bandeja de pasteles.

–¿Un pastelito? Los he hecho yo, y esta vez me han salido riquísimos.

Doña Merlucines decía a su hermano, bajito, que no comiera.

–¡Mujer! Deme usted aquel blanco del centro. El que tiene la flor..;. debe de estar muy bueno!

María Luisa y yo nos pusimos a mirar a don Tiburón. ¡Abría una boca como un ogro! ¡Se estaba comiendo nuestro pastel!...

–¿Pero qué hacen estas niñas mirando embobadas a mi hermano?

–Cosas de criaturas. ¡Celia! ¡María Luisa! ¿Queréis sentaros y dejar en paz a don Romualdo?

–¡Es un fresco! ¡Ha cogido el pastel de María Luisa, que es el más grande! –dije yo.

–Pero, ¿qué dice? –gritó doña Merlucines.

–Es una insolente. ¡Está usted muy mal educada! –dijo don Tiburón, y se atragantó con el pastel.

A poco se ahoga. Las señoras le daban golpecitos en la espalda. Tenía tanta tos, que tuvo que levantarse.

–Ponle eso –me dijo María Luisa.

Y mientras todos estaban ocupados con la tos y dándole agua, le pusimos un pegote en medio de la silla, y

luego montoncitos alrededor. Hasta que se acabó todo lo de la caja.

Y don Tiburón, como está tan gordo, se dejó caer de golpe en la silla.

Y vuelta a decir a la abuelita que me mandara al Colegio, que yo era muy mala...

–¡Que la eduquen sus padres, señora!

No me importaba nada... ¡Anda, que cuando se fuera a levantar!...

Se levantó para dejar el plato en la mesa y se llevó la silla pegada...

María Luisa y yo nos retorcíamos de risa... Se volvió a mirarnos y, ¡pum!, se cayó...

Doña Merlucines gritaba y tiraba de la silla. La abuelita lo quería levantar. ¡Cómo chillaban!

Por si acaso, escapé a correr; pero me encontré a Petra en la puerta, que venía con la bandeja de los chocolates... Tropecé con ella y todo se vino al suelo...

Oí gritar a la abuelita:

–¡Petra, Petra, lleva a Celia al Colegio inmediatamente! Di a las madres que me es imposible tenerla...

María Luisa lloraba y decía no sé qué.

Me escondí debajo del diván y esperé a ver lo que pasaba. Entró Petra a buscarme... Después la oí decir:

–¡Señora, señora! Celia se ha escapado por la ventana del salón.

Salí de debajo del diván y me escapé por la ventana...

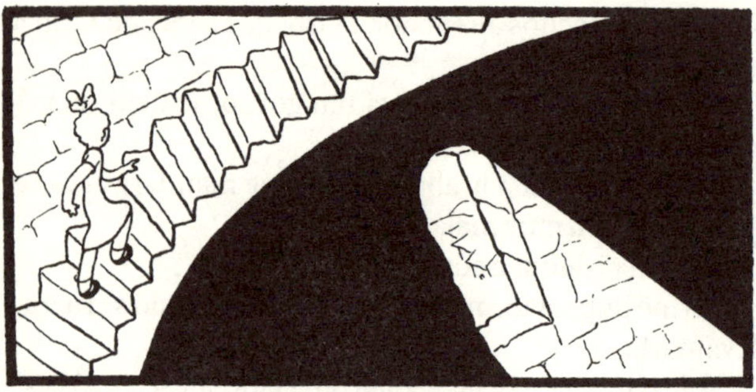

Corriendo aventuras

Me escapé por la ventana y corrí, corrí, buscando donde esconderme. No encontraba dónde. Todas las casas estaban cerradas y no había árboles, ni piedras, ni nada que hiciera sombra.

Salí al campo y, luego, a un camino largo, largo, con tapias a un lado llenas de hiedra. Y vi a Juanón que venía hacia mí...

¡Como que eran las tapias del colegio!

Volví hacia atrás, me salí del camino y me encontré en la plaza de la Iglesia.

Estaba abierta y no había nadie. Pero ¿dónde me escondía? ¡Ah, pues en la torre! Allí nadie iría a buscarme.

Y subí por la escalera.

Subí, subí, hasta llegar a las campanas. ¡Qué bien se estaba allí!

Al poco rato se puso muy oscuro, porque estaba anocheciendo. ¡Y hacía un frío!

En un rincón encontré muchos sacos vacíos. Hice de ellos un colchón y muchas mantas. ¡Iba a dormir más bien!

Sentí que subían por la escalera y me metí en la cama.

Eran Pronobis y Lamparón. ¿Pero qué hacían, que tiraban de mí?

–A ver si los bajamos de una vez. Coge tú la mitad.

¡Nada, que se querían llevar los sacos!

–¡Chicos, que estoy aquí yo!

¡Vaya un salto que dieron!

–¡Eres tú, indina! ¿Qué haces aquí?

–Que me he escapado de casa de María Luisa porque me querían traer al colegio otra vez...

–¡Claro! Y en vista de eso, te has venido tú solita... ¡Anda, abajo!

–¡No, no quiero!... ¿No veis que ahora no hay ninguna niña en el colegio y me aburro?

–¡Pues aquí te vas a divertir! ¡Vamos, anda! Que tenemos que bajar los sacos.

–¡Yo no quiero volver al colegio! ¡Estamos de vacaciones! Todas las niñas se han ido con sus papás, y yo no tengo casa...

Me puse a llorar de pena.

–Pues *tié* razón la chica –dijo Pronobis–. Nosotros, con decir que no la hemos visto...

–¡Pero se va a helar en la torre! Porque los sacos nos los tenemos que bajar...

Se pusieron a discutir, y al fin me dejaron los sacos, y dijeron que vendrían por ellos al otro día temprano.

Cuando me quedé sola, me arropé bien con los sacos hasta la cabeza y me dormí.

Cuando me desperté estaba amaneciendo y se oía ruido en el tejado. Fui a ver qué era... Pues la cigüeña, que se revolvía en el nido.

–¡Buenos días, señora cigüeña! ¿Cómo está usted? Bien. ¿Y usted? Muy bien, muchas gracias. ¿La familia sigue buena? Todos bien... ¿Es que no sabes hablar? ¿Pues para qué te sirve el pico? ¡Claro! Es que nadie te habla, ¿verdad? Las personas mayores son medio tontas... ¿Qué dices? ¿Eh? ¿Nada? ¡Ay, hija, todo me lo tengo que decir yo!

La cigüeña me miraba, me miraba. De pronto, movió las alas y echó a volar.

–Pero ¿dónde vas, cigüeña? ¿No ves que se van a enfriar los huevos y luego no saldrán cigüeñitos?

¡Como si no! Se fue sin hacer caso, y tuve que salir al tejado y sentarme en el nido.

¡Buena la hice! Se despachurraron los tres huevos y yo me puse el vestido hecho un asco...

No sabía qué hacer. Volví a entrar en la torre y me limpié con los sacos, pensando en lo enfadada que se iba a poner la cigüeña cuando volviera.

¡Capaz era de sacarme los ojos!

De pronto me acordé que a los pies del Cristo que está en la capilla oscura hay dos huevos grandísimos que trajo un señor de América. Y bajé por ellos.

Creo que son de avestruz... Pero, mejor. Así saldrán dos avestrucitos en lugar de cigüeños...

La iglesia estaba cerrada. ¡Cómo sonaban mis pasos! Me dio tanto miedo, que volví a subir la escalera otra vez. ¡Ay, Dios mío! Y ahora ¿qué hacía yo? Arriba me daba miedo estar y abajo también... ¡Y esos chicos, que no venían!

Oí ruido en la escalera.. Parecía que bajaban a saltos... Vi correr una cosa pequeña... Era un ratón...

En cuanto abrieran la puerta de la iglesia, me marcharía... Pero ¿cuándo la iban a abrir?

Entonces me decidí a tocar las campanas.

Alguien vendría al oírlas y podría marcharme.

¡Qué divertido es tocar las campanas! La grande no pude, pero a la otra le daba unas vueltas... ¡Tan, tan! ¡Tan, tan! ¡Tan, tan!

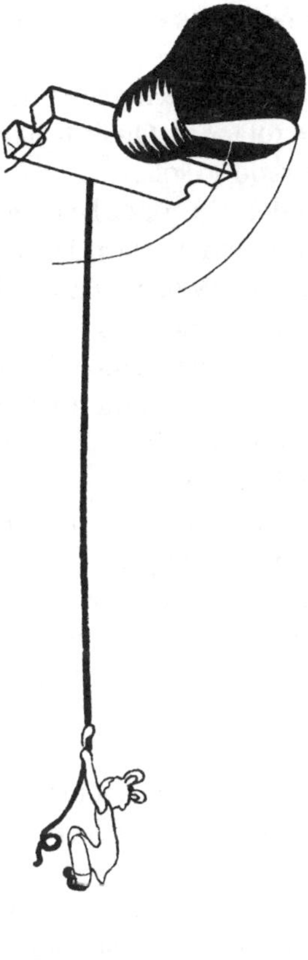

Se me quitó el miedo y me puse contentísima.

Yo seguía siempre. ¡Tan, tan! ¡Tan, tan! ¡Tan, tan!, sin oír nada, y me puse a cantar al mismo tiempo...

Vi una cosa negra delante de mí...

–¿Qué escándalo es éste? ¿Qué haces aquí, chiquilla? ¡Yo no comprendo esto!...

Era don Restituto, que había venido sin que yo le sintiera con el ruido.

–Es que...–no sabía qué decir–. Es que estoy de vacaciones...

–¿Qué dices? ¿Y qué tienen que ver las vacaciones con que estés aquí alborotando? ¿Quién te ha abierto la puerta?

–Nadie. He entrado yo sola.

–Pero ¿por dónde? ¿De dónde has venido?

–Es que estaba en casa de María Luisa...

–¡Y te has escapado! ¡Milagro para ti! Pues se han concluido las vacaciones... Andando, al colegio...

–No, no, señor, no... Yo no quiero ir al colegio...

–¡A callar! ¡Baje usted ahora mismo delante de mí! ¡Vaya, vaya con la tontaina esta!... ¡Ya te puedes preparar! ¡Como no interceda yo por ti!...

Yo bajaba delante, temblando de miedo. ¡No, pues lo que es al colegio yo no volvía!...

–Pero ¿por qué corres tanto, desgraciada? ¿No ves que yo no puedo seguirte? ¡Buenas están mis piernas para correr!...

Al llegar abajo vi que la puerta de la iglesia estaba abierta.

–¡Adiós, don Restituto!

Eché a correr, a correr. ¡Dios mío lo que corrí! No paré hasta el pinar, y allí me tiré al suelo, porque me ahogaba...

Después me senté. Todo el suelo estaba lleno de palitos. ¿Y si alguno fuera la vara de la virtud?

Porque digo yo que aunque las hadas se hayan ido, en alguna parte habrán dejado la varita mágica...

Con probar... Vi un caracol entre la hierba y lo toqué con un palito.

«Baila, caracolito,
con la patita tuerta;
baila, caracolito,
y daremos la vuelta...».

¡Como si no! Ni se movió siquiera. Probé con una varita, y con otra, y con otra, y el caracol ni se movía...

Hasta que di con ella, y sucedió una cosa maravillosa.

Otro día os lo contaré.

El príncipe caracol

Nadie hubiera dicho que aquel palito negro y lleno de barro era la varita mágica. Pues sí lo era. Apenas empecé a decir:

«Baila, caracolito,
con la patita tuerta...».

cuando sentí que me convertía en caracol. ¡Si me hubierais visto!

Fue como un cuento. Sentí que me tocaban en la cabeza y vi que me había brotado en la espalda una cáscara de caracol. Por la frente me salieron dos cuernecitos, que se movían, y me hice muy pequeña.

Al pronto lo sentí. ¡Qué fastidio, ya no podía correr! Pero lo pensé mejor, y me alegro mucho.

¡Ahora tenía casita! No volvería al colegio, y aunque me buscaran, nadie podría encontrarme.

Además, no sabéis cuántas cosas vi siendo caracol. Vi al pitirrojo, que tiene su nido en el árbol, que llamaba a la coneja de la madriguera.

–¡Señora coneja! ¡Señora coneja! ¡Ya se ha ido!

–¡Qué niña! Ha despertado a mis conejitos, y ahora no se quieren dormir –dijo la señora coneja asomándose a la puerta.

–¡Calle usted, señora! ¡Si es un torbellino! Ya la han echado de todas partes y ha venido a refugiarse aquí porque nadie la quiere.

–¡Pobre de ella en cuanto venga a desayunarse la señora cigüeña! ¿Sabe usted que ha roto los huevos del nido? Ha sido al amanecer, y lo menos lo han visto veinte conejos... ¡No podrá negarlo!

La señora coneja era bastante tonta. Si me han visto veinte conejos, hay más de dos mil que no me han visto en su vida...

Entonces se oyeron pasos y la coneja se escondió en la cueva y el pitirrojo se calló.

–¡Princesa caracol! –oí decir.

–¿Es a mí?

–A ti es.

–¡Ay, qué lujo! ¿Quién me llama?

–El príncipe caracol.

–Que pase, que pase el príncipe –dije–. ¡Que pase al salón verde, o al gabinete azul, o al de color de chocolate!

¡Pues era un príncipe de verdad! Con espada de oro y zapatos con un cascabelito en la punta.

Al llegar donde yo estaba se puso de rodillas.

–Princesa caracol, ¿quieres ser mi esposa?

–Muchas gracias, hijo. ¿Y eso para qué?

–Para que te vengas conmigo al palacio de mi padre. Aquí estás expuesta a todos los peligros.

–No, no. En las casas me quieren mucho al principio y luego me echan. Prefiero quedarme aquí.

–¿Y quién puede echarte a ti, princesa bonita?

–Todos... Unos, porque meto el dedo en el chocolate; otros, porque despachurro los huevos...

–De la casa de mi padre nadie te echaría. Aquí te comerán las cigüeñas, o te aplastará un carro, o te cogerán los chicos... Ven conmigo y comerás berza en capullo.

–¿Berzas? A mí no me gustan. Yo quiero arroz con leche o natillas...

–No sé qué es eso... Pero ¿qué puede haber mejor para un caracol que hojas tiernas de berza?

–Mira, príncipe, no me marees... Para un caracol, yo no digo que no esté bien esa comida; pero yo soy Celia.

–¡Divino nombre! Jamás una princesa caracol se llamó nada parecido.

–Es que yo soy una niña.

–Ya lo sé. Y volverás a serlo en cuanto salga el sol. Por eso debes venirte conmigo, para que el encanto no se rompa... ¡Nunca encontraré princesa tan linda como tú!

–¡Hijo, eres tonto!... ¡Escucha! ¡Viene gente!

El príncipe echó a correr, y yo me escondí debajo de una hoja seca. Venían cantando:

Caracol, col, col,
saca los cuernos al sol...

¡Eran los monaguillos!

–Mira, mira los que salen. Cógelos antes de que se escondan –decía Pronobis.

–Por muchos que cojamos, nunca llenaremos la cesta.

–Pues ha dicho la madre Loreto que si no la llenamos nos colgarán de las orejas.

–¡Vaya una madre *desnaturalizá!*

–Ven aquí, que hay muchos –gritó Lamparón, acercándose donde yo estaba.

–¡Mira éste qué gordo! –dijo Pronobis cogiéndome con sus dedos sucios. Me miraron los dos asombrados, y ¡pum!, al cesto.

No sé qué más pasó. Me dormí entre un millar de caracoles, y cuando desperté estaba en el locutorio del colegio, metida en la cesta y mirando por una rendija.

Ya era niña otra vez.

Vi allí, hablando con la madre Loreto, a don Restituto, Pronobis y Lamparón.

–Esta mañana estaba en la torre, y allí ha debido de pasar la noche –decía don Restituto.

–¡Alabado sea Dios!

–Yo no sé qué trajín traía con los huevos de la cigüeña... Luego le dio miedo y empezó a escandalizar con la campana. Quise traerla, corrió y no sé dónde se habrá ido, pero muy lejos no puede estar.

–¡Qué criatura! La madre superiora está enferma desde ayer. ¡Figúrese qué disgusto es para esta casa lo que ha hecho esa niña!

Lamparón dijo:

–Yo he encontrado esto en el pinar.

–¡Pero si es el lazo que llevaba Celia en el pelo! ¿Por qué no lo has dicho antes?

–¿Y por qué no la habéis buscado por allí? –dijo furioso don Restituto.

–Porque éste dijo...

–Nada, no digáis nada, porque es peor. Ahora mismo volvéis con Juanón al sitio donde estaba el lazo, y si no encontráis a Celia, de un puntapié os pongo de telaraña en el cielo. ¡Andando!

–¡Buenos días, madre!

Y se fueron. Entonces vino la madre María de las Nieves a llevarse el cesto. Lo tomó a peso y dijo:

–¡Jesús mío, cómo pesa esto! Estos muchachos han debido de echar aquí piedras.

–Diga que vengan las hermanas legas por él –dijo la madre Loreto– y quédese aquí su caridad. Como no sea para algo muy importante no me llame, que estoy muy ocupada.

Cuando se fue, la madre María de las Nieves quiso llevarse el cesto aunque fuera a rastras; pero en aquel momento llamaron a la puerta.

–¡Ave María Purísima!

–Sin pecado concebida.

Vi entrar a María Luisa, y con ella venía más gente.

–Queremos hablar con la madre superiora –dijeron.

–No sé si será posible... Hagan la caridad de esperar un momento. Siéntense...

Yo me acurruqué bien dentro del cesto. Todas las cosas que pasaron allí son tan largas y tan divertidas, que necesito esperar al domingo para contarlas.

Me voy con tío Rodrigo

La abuelita de María Luisa, don Tiburón y doña Merlucines se sentaron en el banco largo del locutorio. María Luisa se quedó en pie, y yo los veía a todos metida en el cesto de los caracoles.

–Este disgusto me cuesta la vida –decía la abuelita–. Ha sido una puñalada la que me ha dado la madre superiora... ¡Miren que decirnos que he tenido yo la culpa de que se escape Celia!

–No haga usted caso –dijo doña Merlucines–. La superiora es un sargento de caballería.

–Y a la madre Loreto, ¿dónde me la deja usted?

–Sí, también es buena... Lleva todavía puestos los pantalones de su marido. Yo lo conocí.

Eso lo dijo don Tiburón, y en seguida vino la madre Loreto.

–La madre superiora les ruega que la perdonen, pero se encuentra enferma y no puede salir. Si saben algo referente a Celia, pueden decírselo a una servidora.

–No sabemos nada... Pero yo venía a justificarme con

la madre superiora que me ha mandado una carta..., que, la verdad, no sé cómo calificar...

–Ya advertimos a usted cuando se llevó a Celia que era una niña muy revoltosa... Si no podía soportarla, debió traerla en seguida y vigilarla más.

–Pero ¿qué podía hacer yo, Dios mío? –y la abuelita se puso a llorar.

Después dijeron que me habían tratado muy bien, y que yo era muy mala, y que venían a dejar a María Luisa, porque no hacía más que llorar. Y se fueron.

María Luisa sacó la lengua a don Tiburón, y la madre la castigó a rezar tres avemarías de cara al rincón, y se fue también.

Ya iba a salir yo del cesto para dar un susto a María Luisa, que estaba de rodillas, cuando, ¡pum, pum!, dos porrazos terribles en la puerta.

Vino una hermana lega y abrió la mirilla.

–¿Qué dice? ¡Jesús, Jesús! ¿Que va a prender fuego al colegio? ¡Dios mío! ¿Pero qué dice? ¿Que viene por Celia?... No está, no, señor, no está... Diga: si abro, ¿no me hará nada? ¡Que sea la voluntad de Dios!

Abrió y entró ¡mi tío Rodrigo!

–¿Es que se creía usted que me la iba a comer, estúpida? ¿Es verdad que se ha escapado mi sobrina?

–Sí, señor... Pero ya la están buscando.

–¿Y a mí qué me importa eso? ¡Que venga inmediatamente la madre superiora! ¿Pero qué clase de colegio es éste donde se escapan las chicas? Yo vengo a llevarme a mi sobrina a París, con sus padres, y me dicen, como lo más natural, que se ha escapado... ¿Pero es que esto puede ser? ¡Que venga aquí la madre superiora o entro yo!

Se fue la lega asustadísima y yo salí del cesto.

–¡Tío Rodrigo! ¡Tío!

–¡Muchacha! ¿Pero de dónde sales? ¡Si tienes caracoles hasta en el pelo!

–Pues de ahí, de la cesta... ¡Hay qué tío más rico, que viene a llevarme a París! ¿Pero tú ves, María Luisa, qué guapo es mi tío?

–¿Y qué hacías ahí oyéndolo todo y exponiéndome a mí a hacer una barbaridad?

–¡Huy qué tío más gracioso tengo! ¡Guapo! Pues estaba entre los caracoles, porque esta mañana era yo un caracol... ¡Huy, qué precioso es mi tío!

–Pero, ¿qué dices? A mí no me cuentes tonterías. ¿Tú te has escapado, sí o no?

–Claro que me escapé... ¿De veras de veras me sacas del colegio? ¡Tío rico! ¡Guapo! ¡Hermoso! ¡Sol!

El tío Rodrigo acabó por ponerse muy hueco y me dijo:

–¿Pero tan guapo me encuentras, muchacha?

–¡Guapísimo! –saltó María Luisa, que ya no estaba de rodillas–. ¡Si me quiere usted llevar a mí con Celia!

–No, hija, no puede ser... Yo lo que quiero saber es lo que ha pasado aquí.

–Verás. La Merlucines y el Tiburón...

–¿Son dos gatos?

–¡Qué risa, dice que dos gatos! ¡Ja, ja, ja, ja! No, tonto; el Tiburón es un boticario. Pues me quiso pegar y me escapé.

–¿Quién te quiso pegar?

–El Tiburón, ¿no te lo estoy diciendo? Dormí en la torre entre unos sacos; pero regañé con la cigüeña y me fui al pinar...

–¡Bien! ¡La cosa marcha! ¡No entiendo nada!

¡Cómo se enfadaba! Se puso a pasear con las manos en la espalda y bufando de rabia...

–Ahora lo entenderás. Encontré la varita mágica y me convertí en caracol; luego vino el príncipe y se quería casar conmigo...

–¡Eso es un cuento o lo has soñado!

–¡Quia, hijo; es verdad! Luego vinieron Lamparón y Pronobis...

–¿Qué dices? ¿Quiénes son ésos? –gritó el tío.

–¡Ay, hijo; los monaguillos! ¡Pues no te enfadas tú poco!...

–¿Qué hace esa superiora que no viene?

–¡Sí, como la estés esperando, estás fresco!...

–¿Por qué?

–Porque no saldrá. Ya no es la misma de antes. Ahora es un soldado y no sale a las visitas. ¿Verdad, María Luisa?

–No es un soldado... Es así como un sargento o un cabo. Doña Merlucines lo ha dicho.

–¡Yo creo que en este colegio os volvéis tontas! Pero ¿cómo puede ser eso que decís?

–Sí, señor, sí es –dijo María Luisa–. A mi abuelita le ha dado una puñalada ayer...

–¿Quién? ¿La superiora?

–Sí, señor, sí. ¿No lo has oído tú, Celia?

–Sí lo he oído. Y también lo de los pantalones de la madre Loreto. Son los de su marido y los lleva debajo del hábito.

–¿Pero la madre Loreto no es una monja?

–Sí, ¿y qué? La mamá de una niña también los llevaba.

–Entonces será viuda y los llevará como recuerdo... ¡Va, va, va! ¡Vaya un colegio! ¡Y aquí te han dejado tus padres y se han ido tan tranquilos!...

Entonces vinieron las legas y se quedaron espantadas al verme.

–¿De dónde ha salido usted?

–Me la he sacado de un bolsillo. Pero ¿viene esa superiora o no? –dijo mi tío.

–La madre superiora está enferma, y la madre Loreto dice que nos diga su gracia...

–La gracia es la de ella mandándome ese recado después de una hora... Pueden decirle que me llevo a Celia sin más explicaciones. Sus padres me han autorizado para ello, y me la llevo.

–¿Se la lleva? ¿Dónde?

–Al infierno. Por mal que esté va a estar mejor que aquí.

–¡No digas eso, tío! ¡Si son muy buenas las madres! Yo estaba aquí muy contenta...

–¡Ah! Entonces, ¿te quieres quedar?

–¡No, tío, no! ¡Yo me quiero ir contigo! ¡No me dejes, por Dios!

–¡Vamos, parece que no estás tan contenta como dices! ¡Vamos, Celia!

–Déjame despedirme.

–¿De quién?

–¡Es verdad! De las madres ya me despedí cuando me llevó a su casa la abuelita de María Luisa... ¿Sabes? Pero me quiero despedir de mis amigos..., de estos amigos míos, que han seguido mis aventuras de un año de colegio...

¡Adiós, queridos míos! Lo mejor de mis aventuras estaba escrito en el libro que María Luisa tiró al pozo. Si deseáis conocerlas, leed el libro tercero, *Celia, novelista,* en donde he tratado de recordar mis sueños imaginados con los titiriteros, y he escrito mi primera novela para leérsela a mi hermanito.

Índice